BUSCANDO LIBERTAD

Proceso de recuperación

Carlos Anguiano Herrera

Título: Buscando libertad: Proceso de recuperación

Autor: Carlos Anguiano Herrera

Primera edición: Abril 2026

Preparación para la publicación: Special Novels Inc.

Versión libro impreso

ISBN: 979-8-9915772-8-1

Contacto del autor: buscandolibertadcah@gmail.com

Índice

Querido lector, antes de que se sumerja en esta lectura, quiero dejarle saber que este es un relato crudo sobre mi experiencia con el alcoholismo severo y el abuso de sustancias controladas. Muchos de los escenarios que describo están presentados sin filtro y pueden sacudir la sensibilidad de algunas personas que han estado involucradas en este mundo, o que tienen a seres queridos pasando por procesos similares. Pido discreción al leer mis líneas y también la comprensión de que han sido escritas con crudeza para mostrar la dura realidad de quienes hemos sido sobrevivientes de este mal social.

Los nombres mencionados a lo largo de esta obra no corresponden a las personas reales involucradas en los eventos narrados. Han sido modificados o sustituidos con el propósito de proteger la identidad, privacidad y dignidad de cada individuo. Cualquier coincidencia con nombres reales es completamente accidental.

Estos cambios no alteran la esencia de los hechos ni las emociones que los acompañan. Por el contrario, permiten mantener la integridad de la narrativa y compartir mi historia con sinceridad, sin comprometer la seguridad ni la confidencialidad de quienes formaron parte de este camino.

Agradecimientos

Deseo que estas palabras les dejen algún aprendizaje, que de alguna manera les sean útiles en su vida y, tal vez, generen un cambio significativo.

Desde pequeño crecí creyendo que era una víctima de la vida y de los demás, pensando que casi todos habían influido en mi historia de forma negativa. Y aunque es cierto que muchas personas y circunstancias han afectado mi vida, para bien o para mal, hoy comprendo que quien más la ha afectado he sido yo mismo, porque solo yo tengo poder sobre ella. Si alguien me hubiera dicho antes que nadie tenía control sobre mí y que solo yo podía dirigir mi vida, probablemente el sufrimiento habría sido menor. Sin embargo, todo tenía que suceder así. Nada ocurre por casualidad.

Gracias al proceso que viví, hoy puedo entender la vida tal como es. Todo lo experimentado me ha dejado conocimiento y aprendizaje; cada etapa del pasado tenía algo que enseñarme. Hay hechos de mi infancia y de mi historia que dejaron huellas profundas, algunos convertidos en traumas, pero también existen experiencias de las que hoy puedo obtener algo valioso para construir un presente consciente y un futuro distinto.

Durante mucho tiempo fui prisionero de mis propias vivencias. Las cargué con culpa y tormento, reviviéndolas una y otra vez, reprochándome constantemente. Me esclavicé al pasado y terminé martirizándome a mí mismo.

Uno de los pensamientos que más me marcó fue creer que no debía hacer cosas "malas" porque Dios todo lo veía y cualquier error me condenaría. Desde esa idea actué con miedo y vergüenza. Hoy, cuando esos recuerdos regresan, intento perdonarme. Entiendo que en muchos momentos fui víctima de mí mismo y que no puedo seguir viviendo anclado al pasado ni dañándome por lo que ya fue. Toda acción tiene consecuencias, y enfrentarlas es parte de la vida. El pasado no se puede cambiar; solo queda vivir el presente.

Aunque no pueda modificar lo que ya ocurrió, sé que esa historia me ha formado. Es una realidad que me ha llevado a reconocer quién soy hoy: una persona invaluable, gracias a todo lo aprendido a lo largo del camino. Muchas veces quisiera decirlo todo y explicarlo todo, pero he entendido que no siempre es necesario ni correcto. Por eso decido escribir, transformar mis experiencias en reflexión y aprendizaje.

Todos enfrentamos luchas y problemas cada día, y aunque los explicáramos con detalle, nadie podría comprenderlos del todo. Solo quien carga el morral sabe lo que pesa. Al principio, esa incomprensión me oprimía y me entristecía. Hoy procuro aceptarme y amarme, porque si no lo hago yo, nadie más lo hará de manera consciente.

He aprendido que para ser comprendido primero debo comprender. Dar sin esperar, porque quien siembra, cosecha. Así lo enseñan la religión, la ciencia y la vida misma. También comprendí que durante mucho tiempo fui egoísta conmigo, centrado solo en mi dolor, culpando a otros de mis desgracias y reprimiéndome en silencio.

Si no soy capaz de escuchar y entender, no puedo esperar que otros lo hagan por mí. No se puede dar lo que no se tiene. La felicidad es una decisión: elegir entre la amargura o la alegría, entre ser víctima o responsable. Vivir sin amor propio es vivir vacío, con el alma fría y la mente negativa.

La falta de voluntad nace del descuido interior. En cambio, alimentar el alma con tolerancia, caridad y entrega sincera es una forma de darnos amor propio. Al servir a otros también nos sanamos a nosotros mismos.

Amarnos implica crecer, esforzarnos cada día por ser mejores, ayudar sin esperar reconocimiento y escuchar sin juzgar. Para convertirnos en la persona que anhelamos ser, necesitamos valores humanos y principios firmes. Si quieres ser amado, ama. Si alguien ya te ama, permítete recibir ese amor. Siempre habrá alguien que espera algo de ti, incluso tú mismo.

Tal como eres, eres suficiente.

Ámate.

Ámate mucho.

La voz del silencio

En el laberinto de la mente, donde las sombras danzan,
la meditación nos guía, con una luz que avanza.
El silencio nos habla, con una voz suave y clara,
un susurro que nos conduce a un lugar de paz y calma.

La voz del silencio es una canción de amor,
que nos guía a través del dolor y la oscuridad,
nos habla de la vida, de la muerte y del destino,
y nos muestra el camino hacia la libertad y el crecimiento.

En el silencio encontramos la verdad,
una verdad que nos libera de la prisión de la mente.
La voz del silencio es un bálsamo para el alma,
que sana nuestras heridas y nos da la paz que buscamos.

Carlos Anguiano Herrera

Introducción

Analiza, piensa: ¿por qué o cómo puedes ser mejor persona? Todos tenemos la capacidad de convertirnos en alguien, en quien siempre debimos ser. Somos una creación única, nacida con una misión y un propósito que nos sostienen aun cuando no los comprendemos del todo. Si todo fue hecho para ti, y tú fuiste hecho para todo lo creado, entonces sí hay esperanza. Ya eres alguien con el simple hecho de existir. Eres la esperanza de quien te creó y pensó en ti desde antes de que llegaras a este mundo.

Sin embargo, a veces olvidamos esa verdad. Caminamos por la vida cargando sombras que no nos pertenecen, heridas que creemos eternas y vacíos que parecen no tener fondo. Nos acostumbramos al peso, como si fuera parte de nuestra identidad. Pero incluso en medio de esa oscuridad tan densa, hay un latido interior que no se rinde. Un llamado suave, casi imperceptible, que nos invita a regresar a nosotros mismos, a nuestra esencia, a nuestra verdad; un recordatorio de que no nacimos para vivir derrotados.

Ser mejor persona no siempre nace de la fuerza. A veces brota del cansancio: del cansancio de sufrir, de caer una y otra vez, de buscar afuera lo que solo puede encontrarse dentro. Y cuando el corazón toca fondo, cuando ya no quedan máscaras que sostener, es ahí donde comienza la verdadera transformación. No porque tengamos claridad absoluta, sino porque ya no queremos seguir iguales.

Todos, absolutamente todos, fuimos creados con un fragmento de eternidad dentro. Un soplo de vida que contiene propósito, amor, fuerza y destino. Aunque nos perdamos en caminos oscuros, esa chispa permanece, esperando pacientemente a que la reconozcamos. No se apaga; solo se oculta hasta que decidimos mirarla con honestidad.

Ser mejor persona no es cambiar quien eres, sino regresar a quien siempre fuiste. Es recuperar tu nombre, tu valor, tu historia. Es descubrir que, incluso con las alas rotas, aún puedes volar; que, aunque el alma esté cansada, aún puedes levantarte; que incluso en la tormenta existe un amanecer preparado para ti.

Todos enfrentamos un momento en la vida donde la existencia nos pregunta, directa y profundamente: *"¿Quieres vivir… o quieres seguir muriendo lentamente?"*

Y es ahí donde inicia el verdadero viaje. No un viaje hacia afuera, sino hacia adentro: hacia el corazón, hacia las heridas no sanadas, hacia los recuerdos que duelen, hacia la verdad que tememos pero que necesitamos. Es un viaje que requiere valentía, pero también rendición.

Ser mejor persona no es un destino.

Es un proceso.

Una decisión diaria.

Un renacimiento constante.

Y este libro, estas palabras, esta historia… nacen justamente de ese despertar.

La necesidad de escribir

Hoy comienza un capítulo nuevo en mi vida. No lo digo con entusiasmo ni con certeza, sino con una mezcla de miedo y necesidad. Me siento como las águilas, esas que para sobrevivir deben atravesar un proceso doloroso y transformador. Ellas no cambian por gusto; cambian porque la vida las empuja hasta dejarlas sin alternativa. O se renuevan, o mueren. Yo también llegué a ese punto. Y fue ahí donde comenzó mi propio proceso: un proceso de vida.

El 24 de junio de 2020 marqué el inicio de ese plan de cambio. Llegué al refugio completamente derrotado. No era una metáfora: me sentía vencido en todos los sentidos posibles. Mis alas estaban rotas, mis garras desgastadas y mis plumas… de ellas apenas quedaba algo que pudiera sostenerme. Las drogas y el alcohol me habían destruido por dentro y por fuera, lenta pero profundamente. Apenas podía caminar unos cuantos pies; cada paso era una prueba, un recordatorio de hasta dónde había llegado. Cargaba con un problema en el corazón, otro crónico en la garganta y la posibilidad constante de tener apnea del sueño. Y como si todo eso no fuera suficiente, la pandemia rondaba afuera, amenazando mi vida todos los días, sumándose al miedo, al desgaste y a la sensación de fragilidad total.

La noche en Multnomah

Recuerdo con claridad el 25 de octubre de 2019. No es un recuerdo borroso ni distante; es uno de esos momentos que se quedan grabados en el cuerpo. Fui con mi primo a las cascadas de Multnomah, en Oregón, sin saber que esa noche algo dentro de mí empezaría a quebrarse de una forma distinta. Eran alrededor de las 7:30 p.m. y el cielo ya estaba completamente oscuro, como si el día se hubiera retirado antes de tiempo.

Llevaba mi iPhone en la mano, transmitiendo en vivo para mis seguidores, intentando sostener una normalidad que por dentro ya se estaba resquebrajando.

—¡Hola a todos! ¿Cómo están? ¡Qué tal! Hoy me encuentro en las cascadas de Multnomah.

Mientras subíamos por el sendero, mi respiración comenzó a volverse pesada. Al principio pensé que era el esfuerzo, el frío, quizá el cansancio acumulado. Pero pronto sentí cómo un frío más profundo me atacaba el pecho, como si algo invisible me estuviera apretando desde dentro. En la pantalla, los comentarios no dejaban de aparecer.

—Carlos, ¿qué te pasa? ¿Estás bien?

Seguí caminando como pude, aferrado a la idea de que solo necesitaba unos minutos más. Pero al llegar al puente desde donde se veía la caída del agua, el dolor me golpeó con fuerza. Fue inmediato, brutal. Sentí como si alguien hubiera colocado un bloque de cemento sobre mi pecho. La respiración se me volvió entrecortada; el aire no alcanzaba, y por primera vez en mucho tiempo, la muerte dejó de ser una idea lejana. Estaba ahí, demasiado cerca.

Sin pensarlo más, le pedí a mi primo que nos fuéramos de inmediato. En ese momento ya no importaba el paisaje, ni la transmisión, ni nada más. Solo quería salir de ahí, como si alejarme del lugar pudiera también alejarme de lo que estaba ocurriendo dentro de mí.

Esa noche regresamos a casa y apagué el teléfono, como si al hacerlo pudiera apagar también lo que estaba pasando dentro de mí. Pero no pude dormir. El cuerpo no me lo permitió. Me sentía hinchado, pesado, extraño; cada sensación era una advertencia silenciosa. Todo en mí gritaba que algo estaba terriblemente mal, que la muerte no era una idea abstracta, sino una presencia cercana, rondando con paciencia.

Al día siguiente le pedí a mi hermano que me llevara al hospital. Ya no había espacio para la duda ni para la espera. No pasaron ni dos minutos en la sala de espera. Apenas dije mi nombre y la razón por la que iba, como si al pronunciarlo en voz alta le diera forma a lo que ya intuía desde la noche anterior.

—Hola, me llamo Carlos Anguiano. Tengo neumonía y no me siento bien.

Me atendieron de inmediato. Apenas crucé la puerta, todo comenzó a moverse con una rapidez que contrastaba con mi propio cuerpo. Caminé hasta la sala y me acosté mientras me llamaban una y otra vez, sin tiempo para procesar nada. Me hicieron un ecocardiograma y colocaron vías en ambos brazos. Después me pusieron en cuarentena y me realizaron pruebas de tuberculosis. Las personas que entraban a mi cuarto lo hacían completamente cubiertas, protegidas de pies a cabeza, como hoy se hace con los casos de COVID-19. Verlos así, sin rostros visibles, solo aumentaba la sensación de gravedad y aislamiento.

Según el primer médico, un corazón normal tiene tres válvulas que se abren y se cierran al ritmo del bombeo de la sangre. El mío no funcionaba de esa manera. La sangre regresaba porque una de las válvulas no cerraba bien. Escuchar eso fue como sentir que algo esencial en mí había dejado de cumplir su función. Luego llegaron otros dos doctores. Ellos explicaron que, debido a lo débil que estaba mi corazón, existía la posibilidad de necesitar un trasplante de válvulas. Mi corazón trabajaba apenas al 25%, muy lejos de lo que hace un corazón normal, que bombea entre el 65% y el 100%. Los números eran fríos, pero el mensaje era claro.

Más tarde llegó el doctor Hamilton. Su diagnóstico era distinto. Dijo que una operación era posible, pero solo como última alternativa. En medio de tanta incertidumbre, esas palabras no trajeron alivio inmediato, pero sí abrieron una pequeña puerta: todavía no todo estaba decidido.

Yo sabía, en el fondo, que el cigarro, el alcohol y las drogas habían dañado tmi cuerpo. No hacía falta que nadie me lo explicara con dureza. Él no me lo decía directamente, por respeto y profesionalismo; más bien parecía esperar que yo mismo llegara a esa conclusión, que aceptara mi realidad sin necesidad de señalamientos. Me sugirió entrar a un programa de rehabilitación cardíaca al salir del hospital. Fue en ese momento cuando entendí que mis alas ya no podían sostenerme, que ya no bastaba con seguir fingiendo fortaleza, y que necesitaba un refugio para comenzar un nuevo proceso. Por eso acepté. Era eso… o permitir que la vida se me escapara de las manos sin resistencia.

En ese tiempo tenía el privilegio de manejar mi propio horario en el trabajo, pues era gerente general de un restaurante mexicano.

Aun así, aunque acepté el programa, podía sentir que el doctor esperaba algo más de mí: que reconociera mis adicciones, no solo como antecedentes, sino como parte central del problema. Y aunque no lo dije en voz alta, aunque no lo nombré frente a nadie, en mi interior sabía que tenía razón.

Creo que lo que tuve en ese periodo fue COVID-19. El diagnóstico formal fue neumonía y corazón débil. Permanecí quince días hospitalizado. Quince días suspendido entre el miedo, la incertidumbre y la conciencia creciente de que mi cuerpo ya no podía seguir pagando el precio de la vida que había llevado.

Mi madre vino desde California junto con mi hermano menor. Fue una de las pocas personas que me visitó. Su presencia no necesitaba palabras; bastaba con verla ahí para entender la gravedad de todo. Poco después, un doctor entró a la habitación y me pidió autorización para trasladarme a Portland, al Good Samaritan Hospital. Cuando lograron controlar la neumonía, llegó la ambulancia y me llevaron. El movimiento, las luces, el sonido constante del trayecto reforzaban una sola idea: esto ya no era algo menor.

En la nueva habitación comenzaron de nuevo los exámenes. Esta vez fueron más profundos, más precisos. Introdujeron una cámara por mi brazo hasta llegar al corazón, como si alguien se asomara directamente al centro de todo. Ahí descubrieron lo que nadie había visto antes: mis válvulas no eran como las de un corazón normal. En lugar de tres entradas, solo tenía dos pequeñas aberturas, dos "puertitas" intentando hacer el trabajo para el que nunca fueron suficientes.

Fue ahí, en medio de la angustia, del miedo y de una incertidumbre que ya no podía ignorar, donde nació la necesidad de escribir. No como un pasatiempo, sino como una forma de sostenerme.

Escribir para entenderme.

Escribir para no rendirme.

Escribir para darle voz a todo aquello que mi corazón ya no podía cargar solo.

El último día en mi viejo mundo

Ese último día, andaba con mi amigo Juan. Fuimos a casa de mi hermano para recoger las cosas que necesitaba llevar al programa. Era una montaña rusa de emociones porque cada cosa que veía, que hacía o pensaba me recordaba que eran los últimos momentos. Como si partiese a un destino en el que saldría transformado, un Carlos con otra identidad. Quizás estaba sobrevalorando la experiencia, quizás no.

Cuando llegué, solo estaba mi cuñada. Le pedí que me dejara lavar mi ropa, pero justo ese día ella también estaba usando la lavadora. Este tipo de situaciones, en otro momento de mi vida, podría pasar con algo sin significado. Pero ese día, todo era una señal: "¿Esto significa que no debo ir?"

Pasaron más de dos horas y, mientras tanto, Juan seguía esperando afuera, en el carro. Creo que se molestó por la tardanza; su paciencia tenía un límite y yo, sin querer, lo estaba alcanzando. Quizás en mi subconsciente no quería irme y dilataba la espera. Pobre de Juan, pobre de mi cuñada, es más, pobre de todas esas personas que estuvieron esperando toda mi vida por el Carlos renovado que saldría de la casa refugio a la que me dirige en unas pocas horas.

Cuando por fin salí de la casa de mi hermano, Juan ya estaba desesperado. No hacía falta que dijera nada; su cuerpo hablaba por él. Le dije que íbamos a la casa de Grace, intentando mantener el plan en pie, como si aún fuera posible que todo saliera tal como lo había imaginado. En un inicio, la idea era que él y Nina me acompañaran hasta Madras, que no hiciera ese trayecto solo. Pero después de hacerlo esperar tanto, algo se había roto. Se le notaba en la mirada, en la forma apresurada en que se acomodó en el asiento, como si ya no estuviera conmigo, como si su mente se hubiera ido a otro lugar. Me pidió que lo llevara de regreso a su casa. No fue una conversación; fue una rendición silenciosa.

Yo todavía tenía pendientes. Tenía que pasar por la casa de mi primo y luego por la de mi mejor amigo, Chato. Al final, iríamos a casa de Nina. El itinerario parecía alargarse sin compasión, como si el día se empeñara en ponerme obstáculos antes de dejarme partir. Todo se sentía cuesta arriba, pesado, pero aun así seguí adelante. Quizás porque ya no sabía hacer otra cosa, quizás porque detenerme en ese punto habría significado enfrentar demasiadas dudas al mismo tiempo.

Cuando llegamos a casa de Grace, ella me recibió con su amabilidad habitual, esa que no exige explicaciones ni pide detalles. Simplemente estaba ahí, presente. Me dio unas prenditas para que, en mis tiempos libres, pudiera hacer collares y compartirlos con los compañeros del programa. El gesto fue sencillo, casi humilde, pero tuvo un peso que no se mide en objetos. En un momento en el que todo parecía desarmarse, planes, tiempos, personas, ese detalle me recordó que aún había alguien pensando en mí, apostando silenciosamente por lo que yo estaba a punto de intentar.

Al salir de su casa, Juan seguía esperándome. Ahora estaba visiblemente más molesto, como si la paciencia se le hubiera agotado del todo. Insistió en que lo llevara a su casa. En el fondo sabía por qué. No era la espera, no era el retraso, no era yo. Era el deseo de irse a drogar, esa urgencia que no sabe esperar y que se impone sobre cualquier plan. No lo cuestioné. Yo llevaba mis propias batallas a cuestas y no me sentía con fuerzas para pelear también las suyas. Así que simplemente lo llevé, en silencio, aceptando que ese era el punto hasta donde podía acompañarlo.

Lo dejé en Vancouver y manejé hacia Salem, a casa de un amigo que me había prestado su dirección para recibir mi correspondencia. Era un trámite simple, casi mecánico, pero en ese momento todo tenía un peso distinto, como si cada parada confirmara que ya no había marcha atrás. Después fui a casa de mi primo. Me regaló setenta dólares para la gasolina. Yo no traía nada cuando salí rumbo al programa en Madras, y ese dinero se sintió como un respiro inesperado, una ayuda que llegaba justo cuando más vulnerable me sentía.

Finalmente llegué a casa de Nina. Ya era muy tarde, casi la una de la mañana, y el cansancio se me notaba en el cuerpo. Le pedí que me prestara una maleta, porque solo llevaba una y no era suficiente para todo lo que necesitaba. Aceptó sin dudar, sin juzgar, sin hacer preguntas. Ese gesto, tan simple y tan limpio, decía más que cualquier discurso. La verdad es que no había tenido una mejor amiga que ella, especialmente considerando lo mal que la había tratado cuando fuimos novios. Aun así, seguía ahí, apoyándome, sosteniéndome de una forma silenciosa. A veces es difícil entender por qué ciertas personas no se alejan, incluso cuando uno no ha sido justo con ellas, y quizás por eso mismo su presencia pesa tanto.

A las tres de la mañana terminé de alistar todo. También terminé de lavar la ropa. Para entonces el cansancio ya no se sentía como sueño, sino como una especie de entumecimiento, una desconexión necesaria para seguir avanzando. Me acosté y finalmente me dormí, aunque apenas descansé tres horas antes de volver a levantarme para continuar el camino con Nina, quien había decidido llevarme. No era una decisión pequeña, y aun así la tomó sin hacerla pesar.

Durante el trayecto veníamos platicando de muchas cosas. Hablamos de nuestro noviazgo, de los momentos bonitos que alguna vez compartimos y también de aquello que habíamos dejado atrás. Había una mezcla extraña de nostalgia y sinceridad flotando en el ambiente, como si el tiempo y la distancia nos dieran permiso de decir lo que antes no supimos, o no quisimos, nombrar. Ese viaje largo parecía empujarnos a mirar la verdad sin filtros, con una calma que solo llega cuando ya no queda nada que fingir.

Mientras atravesábamos paisajes hermosos, sentí el contraste casi insultante entre lo que veían mis ojos y lo que yo llevaba por dentro. Fue en ese momento cuando le conté lo que había guardado durante tanto tiempo: los pensamientos de querer quitarme la vida. Decirlo no fue impulsivo; fue más bien el resultado de un cansancio profundo, de ya no poder seguir cargándolo en silencio.

—Carlos —me preguntó—, ¿pero por qué te querías quitar la vida?

Respiré hondo. El aire no alcanzaba. No era fácil ponerle palabras a algo que había vivido tanto tiempo en la oscuridad.

—Tú me conoces demasiado —respondí—, mejor que nadie. Sabes lo que es vivir una vida doble. Sabes los abusos que he vivido; con solo recordarlos todavía me dan ganas de matarme. Y sabes que cada vez que paso por un río me llegan pensamientos de aventarme con todo y carro. Pero ¿sabes una cosa? Creo que hasta para eso soy cobarde. No soy capaz de quitarme la vida; he fracasado una y otra vez.

El camino seguía avanzando frente a nosotros, recto, constante, indiferente a mi confesión. Y ahí, en medio de ese movimiento continuo, sentí que por primera vez estaba diciendo en voz alta lo que mi alma había callado durante años. Dolía, como duele abrir una herida vieja, pero también había algo distinto en ese dolor. Algo que, sin saberlo aún, se parecía mucho al inicio de una sanación.

La puerta hacia mi pasado

Llegué al programa con Nina. Nos estacionamos afuera y, de pronto, sentí un impulso extraño, casi desesperado, de dar marcha atrás. Fue una sensación abrupta, contradictoria, porque yo sabía que estaba ahí para entrar, que estaba decidido a hacerlo. Tenía claro que debía presentarme a las diez de la mañana, pero aun así, algo dentro de mí quería huir. Tal vez era miedo. Tal vez incertidumbre. Tal vez esa vieja costumbre de abandonar las cosas justo antes de empezar, cuando el compromiso se vuelve real.

Después de unos minutos que se sintieron más largos de lo que fueron, reuní el valor necesario y me animé a entrar al residencial. Toqué la puerta y le pedí a mi amiga que me ayudara con las cosas; para entonces ya eran las once. Sentía que incluso el tiempo me estaba observando, marcando mi retraso como una última prueba. Cuando llamé, abrió la puerta Mónica.

—Hola, ¿cómo están? —saludó con amabilidad.

—Bien, mi nombre es Carlos; mucho gusto —respondí, intentando sonar más firme de lo que me sentía.

—¿Saben? Solo tú puedes entrar —dijo—. Ella no puede pasar, pero ahorita les muestro fotos de cómo está el lugar por dentro. Debido al coronavirus, por protección no puedo dejarla pasar.

Nina se marchó poco después. Verla irse fue más difícil de lo que esperaba, como si al hacerlo se cerrara una última puerta hacia el mundo que conocía. A mí me dirigieron a un cuarto donde permanecería una semana, por órdenes del Estado. Cuarentena. Así comenzó, en silencio y aislamiento, el primer enfrentamiento real conmigo mismo.

En aquel aislamiento comencé a reflexionar. No fue una reflexión serena ni ordenada; los pensamientos llegaron como una avalancha, con una fuerza que no esperaba. Sentía coraje, mucho coraje, contra la gente y contra todas las cosas que me habían hecho. Estaba atrapado en mi propia mente, girando una y otra vez alrededor de la misma idea: yo era la víctima eterna. Me creía inocente de todo, incapaz de reconocer mi parte, escondido detrás de máscaras que no protegían a nadie más que a mi propia lástima.

En ese tiempo, una de mis primeras prioridades cada vez que veía a mi familia o a mis amigos era pedirles ayuda económica. Vivía con la sensación constante de que nadie creía en mí, y quizá esa percepción también era una forma de justificar mi fracaso. Las drogas habían arrasado con todo: mi vida, mi confianza, mis valores, mis principios. Mi moral estaba por los suelos; mi autoestima, mi salud y mi alma se sentían vacías; mi espíritu estaba destrozado. Me veía a mí mismo como el águila que llega a la mitad de su vida y debe tomar una decisión definitiva: vivir… o morir.

El águila, símbolo de libertad, precisión y fortaleza, surca los cielos más altos con una visión impecable, enfocando a su presa desde distancias imposibles. Pero llega un punto en el que sus alas envejecen, su pico se dobla, sus garras se deforman y sus plumas ya no le permiten volar. Entonces se retira a un refugio. Ahí atraviesa un proceso doloroso, lento, necesario, para poder renacer.

Así me encontraba yo: al borde de ese proceso que prometía nuevas fuerzas, nuevas alas, nuevo pico, nuevas plumas y nuevas garras. No era una promesa cómoda ni inmediata; era una posibilidad que exigía dolor, paciencia y renuncia. Un proceso necesario para volver a ser quien siempre debí ser y regresar, por fin, al camino correcto, ese del que me había desviado una y otra vez.

Había elegido transitar por las calles cortas, las *backroads*, las calles de los "porqués" falsos, las calles del *puqui*[1], donde cada justificación abría la puerta a otra caída. Ahí no encontré libertad ni alivio, solo muerte: drogas, alcohol al rojo vivo y un laberinto sin salida del que creí, por mucho tiempo, que no había forma de escapar.

Hoy, tal vez por primera vez, puedo decir que comienzo un despertar. No es un cambio abrupto ni espectacular; es más bien una fuerza que estuvo dormida dentro de mí y que, poco a poco, empieza a levantarse. Empiezo a ver un horizonte nuevo, a pensar distinto, a caminar hacia adelante con una mirada más precisa, menos confundida.

Es tiempo de reconstruir y de restaurar mi vida, paso a paso, sin atajos. Ha llegado el momento de mirar mi realidad desde otra perspectiva, con honestidad y responsabilidad. Siento que comienzan los mejores tiempos de mis tiempos, no porque todo esté resuelto, sino porque por primera vez estoy dispuesto a hacer

---

1 *Se refiere a las veredas y calles cortas.*

el trabajo que antes evitaba.

Después de haber volado tanto, hoy empiezo a esforzarme para que, junto con la experiencia, pueda volver a volar, y esta vez, aún más alto.

La señorita Mónica comenzó a revisar todos los artículos que traía en mis maletas. Su manera de hacerlo era cuidadosa, metódica, como si ese acto también formara parte del proceso de bienvenida. Mientras la observaba, le pregunté si ella era la misma persona que me había contestado las llamadas durante el tiempo en que estuve esperando la autorización para entrar al residencial.

—Claro, muchacho —me respondió con una sonrisa tranquila, de esas que bajan la guardia sin esfuerzo.

—Pero, ¿cómo está? —le dije—. ¿Y por qué le pregunto? Porque cuando yo llamaba… perdón, cuando me llamaban… escuchaba la voz de una persona más rígida, y ahora que la veo, nada que ver con la persona que usted es.

Sonriendo, le di las gracias por aceptarme en La Casa. Fue en ese momento cuando comencé a comprender la realidad de mi soledad, no como abandono, sino como un punto de partida inevitable.

Así comenzó mi primer día en el programa. Mónica se retiró y yo me quedé ahí, solo, con mis cosas y con mis pensamientos. El silencio empezó a pesar de inmediato. De pronto me vino a la mente aquella mirada de sufrimiento que había visto al entrar, esa mirada que se me quedó clavada desde el primer instante. No era solo dolor lo que reflejaba, era reconocimiento, como si me recordara que todos en ese lugar cargábamos historias parecidas, heridas distintas, pero un mismo cansancio de huir.

Estando en ese cuartito continué reflexionando y recordando todo lo que venía arrastrando de mi pasado. El espacio era pequeño, pero los pensamientos no. Mientras acomodaba mis cosas en el dormitorio, la memoria me llevó a otro momento, a otro lugar. Recordé aquel día en que fui al centro de Portland con un amigo para asistir a una terapia. Era una terapia de uno a uno, directa, sin distracciones.

El terapeuta me dijo:

—Cierra tus ojos y dime, ¿qué miras?, ¿qué escuchas?, ¿qué ves?, ¿qué hueles?, ¿qué hay a tu alrededor? Describe con detalle todo.

Luego continuó:

—Ahora abre tus ojos… y comienza otra vez.

El terapeuta era estadounidense, y yo prefería hacer la terapia en español. Según yo, así podría soltarme mejor, pensando que al no entender completamente mis palabras habría menos juicio. Él me indicaba:

—Después de ciertos minutos, detente. Abre los ojos, ciérralos y comienza de nuevo, pero cada vez agrega más.

Así seguí, capa tras capa, recuerdo tras recuerdo, hasta que llegué a la edad de tres años. Vi a un niño pequeño, encerrado en un cuarto oscuro. Le ponían la música a todo volumen porque era muy chillón. Al pensarlo ahora, me da risa; es verdad que hasta la fecha sigo siendo muy chillón. Pero ese niño no tenía nada de gracioso en ese momento. Estaba profundamente triste, lleno de pánico. No entendía qué estaba pasando.

Lloraba y gritaba al ritmo de la canción que le ponían, intentando hacerse escuchar de cualquier forma, pero nadie respondía. Desesperado, entre sollozos, gritaba:

—¡Apapito, amamita!

—¡Apapíto, wuaaaá…!

Y esa canción decía, entre murmullos: "Y pensar que te quise como a nadie amé en la vida, puse luto en mi cama y en mi memoria rosas blancas… Aaahaja… aaahaja… uuuu…" [2]La música se mezclaba con el llanto, con el miedo, con una tristeza que no sabía nombrar, pero que ya se estaba quedando a vivir dentro de mí.

De repente, ese niño —yo en aquella terapia— se asomó por la rendija de la puerta y miró a una niña de unos diez años barriendo en chinga[3] en el patio. Se notaba que había más niños… unos sentados en sillas, amarrados, como para que no se fueran a caer.

Después de aquel ejercicio de regresión, la sesión terminó.

La razón por la que había ido era porque, en esa época, compartía un departamento con tres amigos. Y neta[4] que uno de ellos sí se preocupaba por mí, porque yo tomaba con frecuencia y escuchaba canciones románticas, tristes. En particular una que decía: *En tus manos fui un títere, un títere.* Cuando eso pasaba, casi siempre terminaba llorando como un niño aunque tenía veinticinco años. Lloraba de una manera desesperada.

Ese día con aquel psicólogo comprendí que eso era lo que me hacía ver la realidad y la causa de esa soledad, esa tristeza,

---

2 Por derechos de autor no revelo esa canción, pero ese niño lloraba al ritmo de ella, ya casi exhausto de tanto llanto.

3 Trabajando sin parar y con mucha intensidad.

4 Expresión coloquial del español de México que significa "la verdad", "sinceramente" o "hablando con honestidad"

ese dolor, ese sufrir. Creí que, al saber cuál era la causa, ese sufrimiento terminaba ahí.

La mentira

La mentira forma parte de la vida cotidiana: tapar u ocultar la realidad, evadir la verdad de un suceso que no aceptamos, proteger nuestras personalidades erróneas, manipular, robar, copiar, ocultar información, utilizar disfraces o máscaras. Detrás de la mentira se esconden la oscuridad, la falta de confianza, el temor al rechazo o a la crítica.

Surge desde temprana edad, en la niñez. Es un aprendizaje heredado de padres, ancestros, familiares, conocidos e incluso copiado de vecinos. Todo esto trae consecuencias graves en nuestras vidas. No es bueno adquirir este hábito, que es completamente dañino.

Emprendemos un camino de ambición falsa casi sin darnos cuenta. Cuando llegamos al mundo, llegamos sin nada: desnudos, sin conocimiento alguno, pero con todas las cualidades propias de un ser humano. Con el tiempo comenzamos a distorsionarnos, a olvidar lo esencial. En el fondo, todos somos lo mismo: nacemos, crecemos, procreamos y morimos. Compartimos las mismas facultades, los mismos sentimientos, las mismas fragilidades, aunque pasemos la vida intentando convencernos de lo contrario.

En mi manera de pensar, todos vivimos casi las mismas experiencias, solo que a destiempo. Claro, con excepción de quienes enfrentan discapacidades visibles… aunque, si lo pensamos bien, todos cargamos con alguna discapacidad, aunque no siempre se note. Tal vez es eso lo que nos hace sentirnos diferentes y únicos al mismo tiempo. Esas limitaciones, esas grietas, terminan moldeando a la persona que deseamos ser, a esa versión de nosotros mismos que alguna vez prometimos llegar a ser.

No es casualidad ni coincidencia, y mucho menos dependencia. Yo lo llamaría correspondencia. Cada uno vive sus propios tiempos, y a cada quien le corresponde atravesar nuevas experiencias: tiempos de triunfar y tiempos de sufrir. Pero más allá de eso, hay algo que nos une a todos. Cada uno, a su manera, tiene una misión en esta vida que cumplir, aunque muchas veces tarde años en reconocerla.

En la adicción, la mentira es una herramienta común y poderosa para lograr objetivos macabros: manipular, robar, hurtar, matar, dañar, culpar y destruir al inocente. En algunos lugares del mundo, ciertas organizaciones utilizan la manipulación para robar a la gente, generando amenazas de destrucción o muerte. A mi entender, la mentira es una adicción que conduce a la muerte.

Cuando llegué al programa, venía cargado de mentiras, arrastrando cadenas de falsedades; una me llevaba a la otra. La verdad de mi persona estaba lejos de mi realidad. Mi realidad estaba saturada de mentiras, llena de orgullo falso. Llevaba una batalla tremenda que me robaba la paz interior, aferrado a la idea de que mi verdad era real y de que el daño causado a mí provenía de las personas que me rodeaban. Era tan grande la mentira que yo mismo me la creí.

Pero mi verdad era falsa, sucia, impura, basada en teorías

malas: una horrible mentira que me cegaba y me impedía ver la realidad de otras personas queridas, como mi familia y amigos.

El sarcasmo era una mentira sobre otra. El único animal capaz de engañarse a sí mismo es el ser humano. Yo mentía para sobrevivir, no para vivir.

Mis pensamientos giraban en torno al suicidio, a mentirme, a matarme, a hacer daño a quienes me habían herido. Estaba lleno de remordimientos, rencores y resentimientos. Era una persona tóxica en todos los sentidos. La mentira me había calcinado, me había cubierto de malas intenciones; era desconfiado. Llegué con el alma rota, el cuerpo herido, el espíritu lastimado y la conciencia sucia, negra como mi suerte.

Tenía la respiración corta por mi problema cardíaco. Era tanto el daño corrosivo que mis órganos comenzaban a resentirlo. Tenía colesterol alto, era prediabético, había sido abusado emocional, física y de alguna forma sexualmente; sufría problemas de identidad, era drogadicto y alcohólico.

Si sigo, llenaría estas líneas con muchas cosas negativas y con cómo la mentira, la depresión o la inadaptación me llevaron al autoengaño y a no reconocer mis faltas, mi verdad, mi realidad. La mentira vive en la oscuridad que nos obsesiona y nos aniquila lentamente.

Y sí: cuando anduve en la actividad adictiva, deseaba suicidarme; con mi actitud lo estaba consiguiendo, aunque en el fondo buscaba mi sobriedad.

Ese día, el segundo desde que había llegado, era mi cumpleaños: 25 de junio. Ya comenzaba a ver las cosas un poco más claras, tal vez como ave miope que percibe el mundo borroso y en múltiples dimensiones.

Mientras ensamblaba uno de mis collares, por la ventana del cuartito se asomaron unas caras curiosas, llenas de sufrimiento reflejado en los ojos, pero radiantes de alegría. Con la curiosidad de conocer al nuevo, y sabiendo que era mi cumpleaños, al asomarse comenzaron a cantar *Las mañanitas*[1].

Yo estaba impactado, porque nadie en mi vida me había recibido así, con tanto gusto. Con sus almas rotas y corazones remendados, pero bien contentos ellos.

Uno de ellos traía la tambora del palpitar del corazón, queriendo compartir el amor residual que aquí había. Otro, sabiamente, había afinado su guitarra y enviaba vibras de esperanza con armonías de paz. Otro tocaba los platillos con fuerza y alegría, para ser escuchado y hacerme dar cuenta de que podía confiar en ellos. Otro quería mostrar su habilidad con el violín y entonaba su voz diciendo: "¡Felicidades, has tomado la mejor decisión de tu vida!" Otro, con su trompeta, anunciaba que por fin me encontraría con mi realidad y que no sufriría más, como allá afuera en mi vida cotidiana. El otro traía un bandolón de fraternidad y hermandad; se escuchaba bonita esa serenata.

Es obvio que era imaginario todo eso de los instrumentos, pues yo venía cargado de falsedades.

Lo único que hice fue llorar. No me atreví a salir; solo me asomé rápido y me escondí en la gran cobija de mentiras que me envolvía. No puedo imaginar todos los sentimientos que les causé a esas caras tristes. Lo único que querían era transmitirme todo el amor que habían encontrado.

Yo, arrogante en mi mente, me decía: "Yo quería pastel".

---

1 *Canción tradicional mexicana que se canta para celebrar cumpleaños u ocasiones especiales. Es una forma afectuosa y festiva de felicitar a alguien.*

Pero en realidad ni siquiera me gusta mucho el pastel ni las celebraciones; según yo, nunca había tenido un cumpleaños como los demás. Y ese día tenía uno de los cumpleaños más solitarios, el más aislado, porque estaba en cuarentena por la pandemia que estábamos cruzando. Qué arrogancia, qué falta de humildad, qué persona tan podrida, qué malagradecido.

Pero para ser honesto, sí estaba agradecido; solo que la desconfianza no me permitía sonreír a mis nuevos amigos. Quería gritarles "¡gracias!", pero no fui capaz.

Aprendí que los detalles más pequeños y sencillos tienen mucho más valor: amor, conocimiento, sabiduría, sobriedad, paz, humildad, alegría, respeto, esperanza y una infinidad de cosas buenas. De lo mejor de lo mejor.

Desde mi corazón, hoy en estas líneas les escribo: ¡Gracias, grupo, por mi proceso de recuperación!

El mundo distorsionado al que me metí

• • •

En el tercer día tuve que levantarme a las seis de la mañana, tal como lo establecía el programa. No hubo espacio para negociar con el cansancio. Apagué todos mis medios sociales en internet y entregué mi teléfono, como quien deja una parte de sí en una mesa ajena. Antes de hacerlo, mandé un saludo a mis seguidores de Team Luna y a los de *Depressless*, avisándoles que me ausentaría por un tiempo. No sabía cuánto duraría ese silencio, pero sentía que era necesario.

Mientras el día transcurría, el tiempo parecía estancarse. Pasé las horas viendo televisión y haciendo collares, repitiendo movimientos sencillos que, de alguna forma, me mantenían anclado al presente. No había prisa, pero tampoco alivio.

Al caer la tarde, uno de los empleados se acercó. Me miró con atención antes de entregarme la cena.

—¿Cómo estás? —preguntó.

—Pues, ahí la llevo —contesté, sin adornar la respuesta.

Luego me observó los pies y añadió:

—Muchacho, ¿qué te pasó en los pies?

Le expliqué:

—Tengo el corazón débil, y por la debilidad retengo líquidos en los pies y en otras partes del cuerpo.

Asintió en silencio y se retiró. Yo seguía respirando con dificultad. Sentía la falta de oxígeno, esa sensación constante de no poder llenar del todo los pulmones, recordándome a cada instante la fragilidad de mi cuerpo.

Continué haciendo mis collares y, poco a poco, los recuerdos comenzaron a surgir. O quizá no eran recuerdos, sino meditaciones forzadas sobre los hechos de mi propia historia, esa historia terrible que venía arrastrando desde hacía años. Me veía a mí mismo perdido, vagando sin rumbo, destruyendo mi mundo con mentiras que yo mismo había aprendido a creer.

Por ejemplo, recuerdo un día en que trabajaba en un restaurante. Eran cerca de las nueve de la mañana y no quería entrar. El cuerpo me pesaba, pero más aún el alma. Venía de una noche intensa y devastadora. Me sentía completamente destrozado, con ganas de morir, porque por dentro ya no quedaba nada en pie. Era como ser una persona sin sentimientos, sin amor, sin confianza. Me había convertido en alguien vacío, sin nada que ofrecerme a mí mismo. Sentía que me habían triturado, destrozado, arrancado la dignidad. Me despreciaba. Me denigraba sin piedad.

La noche anterior, alguien había entrado al cuarto donde yo intentaba dormir. Cada vez que me drogaba, buscaba un cuarto oscuro para descansar. Era parte del autoengaño. En el fondo presentía que algo malo ocurría cuando me drogaba y dormía, pero no quería enfrentar esa realidad. Prefería aceptarla sin cuestionarla. Sabía que me abusaban, sabía que me robaban el dinero, pero me sentía cobarde, sin valentía ni fuerza para defenderme. No me respetaba lo suficiente como para impedir que alguien me faltara al respeto.

Con el simple hecho de drogarme, me estaba matando yo

solo, lentamente. Me repetía que no era víctima del abuso, que el daño me lo hacía yo mismo, como si eso justificara todo. Hoy me doy cuenta de que, en ese tiempo, llegué a creer que era feliz en medio de ese dolor, de ese sufrimiento, de esa estupidez. Era una forma torcida de sobrevivir, aunque me estuviera destruyendo por dentro.

De repente, entre dormido, vi que salía de mi cuarto ese compañero que ya lo había hecho muchas veces. Entraba mientras yo dormía, aprovechándose de mi inconsciencia. Lo más triste no era solo lo que ocurría, sino que ya no sabía si era real o no. No podía distinguir qué era verdad y qué no, porque antes había decidido drogarme. Mi percepción estaba rota, nublada, y yo mismo había contribuido a esa confusión.

Ya había abusado de mí, y yo también me abusaba a mí mismo. No había diferencia clara entre el daño que venía de afuera y el que yo me infligía. Todo lo que viví no fue más que la consecuencia de mis propios actos, y eso es algo que hoy reconozco con dolor, pero también con responsabilidad. No para castigarme, sino para aceptar que debo hacerme cargo de lo que permití, de lo que negué y de lo que no supe defender en ese momento.

La noche transcurrió y me levanté sintiéndome sucio, desgarrado, mutilado, horrible, como si estuviera muerto en vida. El cuerpo estaba ahí, pero algo esencial en mí parecía haber sido arrancado. Sin embargo, en medio de ese estado, una voz interna se hizo presente, clara y firme, rompiendo el silencio:

—¡Levántate y vete de ahí! Tú vales mucho, mereces respeto; tu dignidad es buena y nadie puede pisotearla.

Al principio dudé, pero poco a poco comencé a creerlo. Esa idea, tan simple y tan poderosa, empezó a abrirse paso entre el miedo y la vergüenza. Me levanté y decidí tender una trampa, un cuatro [1]para que cayera el ladrón de mi moral. Aun así, tenía miedo. Vergüenza por todo lo que me habían hecho, por lo que decían de mí, por cómo me juzgaban, y también por lo estúpido que me sentía al haber llegado a ese punto. Pero, aun con todo eso encima, algo en mí ya había cambiado: por primera vez, estaba intentando defenderme.

Llamé al compa[2], si es que podía llamarlo amigo, porque quien te hace daño no merece ese nombre.

—Hey, ¿qué haces, Ambrosio? —le dije.

Me respondió que estaba cocinando. Entonces le contesté, intentando sonar normal, como si nada estuviera pasando por dentro:

—Voy a bañarme, me tengo que ir…

Mientras me bañaba, cada movimiento estaba cargado de tensión. Dejé mi cartera a la vista, sobre la cama, y la puerta del cuarto entreabierta. Al mismo tiempo, escondí mi teléfono, dejándolo grabando. No era solo una trampa; era el último recurso de alguien que ya no quería seguir siendo pisoteado, aunque el miedo todavía me temblara en las manos.

Minutos después salí del baño y entré al cuarto. Fui directo a la cama y revisé mi cartera. Solo había un dólar, doblado por la mitad, exactamente como aparecía en los días anteriores. Ese detalle, tan pequeño, ya no dejaba lugar a la duda.

---

1 *Expresión coloquial mexicana que significa "tender una trampa" o preparar una situación para evidenciar a alguien que está actuando mal.*

2 *Término coloquial mexicano que significa "amigo", "compañero" o persona con la que se tiene confianza.*

Él siempre me decía que yo me levantaba sonámbulo, que seguramente escondía el dinero en otros lugares y que luego no me acordaba. Durante mucho tiempo acepté esa explicación, porque me convenía creerla. Pero esa mañana fue distinta. Al salir del baño y volver al cuarto, revisé mi teléfono. Ahí estaba la verdad, clara, sin posibilidad de negarla.

Efectivamente, había sido él quien me robó. Y no solo eso. La noche anterior había abusado de mí.

En ese instante, todo lo que durante tanto tiempo había intentado confundir, justificar o negar, se ordenó con una claridad brutal. Ya no era imaginación, ni exageración, ni culpa mía. Era la realidad.

Haciendo mi show, salí gritando del cuarto:

—¡Ambrosio! ¡Me han robado!

No estaba. El silencio del lugar me confirmó que ya no podía seguir esperando. Así que le llamé por teléfono y le dije, sin rodeos:

—Me han robado y necesito que vengas, porque voy a llamar a la policía.

Llegó rápidamente. Casi al mismo tiempo llegó la policía, a quienes yo ya había llamado. Todo ocurrió con una rapidez que contrastaba con los meses de abuso y silencio que había cargado. Comencé a empacar mis cosas. No tenía a dónde ir, pero sabía que no podía quedarme. Permanecer ahí ya no era una opción.

Uno de los policías se acercó y me preguntó:

—Hola, mi nombre es John Smith, ¿cómo puedo ayudarte?

Le expliqué todo lo que había sucedido, sin adornos, sin proteger a nadie. Me escuchó con atención y luego me preguntó:

—¿Quieres que lo arreste?

Me quedé en silencio por unos segundos. En ese espacio breve ocurrió algo inesperado: sentí una paz repentina. Y en lugar de seguir adelante con la acusación, me detuve. Retiré de mi mente esas acciones cargadas de rabia y respondí:

—La verdad, me gustaría que se los llevaran, que los encarcelaran.

Digo "los" porque, mientras hablaba, un amigo del compañero salió preguntando qué había sucedido, y yo sabía que él también era cómplice. El policía me dijo que, si así lo quería, podía llevarse a ambos presos.

Lo pensé de nuevo y contesté:

—No, fíjese. La verdad, lo que quiero es que exista un récord de lo que sucedió y que quede claro que me voy a ir de la casa donde estoy rentando.

El policía asintió y me respondió:

—Has tomado la mejor decisión.

Aun así, insistió:

—De verdad, ¿no quieres que los arreste y les presente cargos? Podrías hacerlo.

Respiré hondo y le confesé:

—Me gustaría… pero no.

El amigo tenía cáncer y estaba en quimioterapia. No trabajaba y recibía varias ayudas. Meterlo preso habría sido, para él, casi una sentencia de muerte. Quizá incluso era indocumentado. Si caía en la cárcel, perdería las ayudas y lo deportarían. Pensé que ya estaba sufriendo bastante. De algún modo sentí que su propia persona ya era una prisión. No quise cargar con eso también.

Salí de ese lugar y me fui con el alma ultrajada y el corazón roto. Mi confianza estaba completamente destruida. Aun así, decidí ir al trabajo en ese estado tan frágil, sin medir las consecuencias. Fue ahí donde, más tarde, intenté quitarme la vida.

Cuando entré al trabajo y comencé a filetear la carne, una tristeza profunda se apoderó de mí. No era solo dolor; era traición, vacío, agotamiento absoluto. Me vinieron unas ganas intensas de cortarme las venas. Me quedé mirando fijamente el cuchillo, como si él tuviera una respuesta. Lentamente lo acerqué a mis muñecas. Era evidente lo que estaba pasando.

La manager reaccionó de inmediato. Me arrebató el cuchillo, me sacó del establecimiento y me abrazó con fuerza. En ese abrazo, sin juicios ni reproches, me recordó cuánto valía como persona. Me pidió que me fuera a descansar, pero también que buscara ayuda, porque era claro que ese día yo no estaba bien emocionalmente.

Mi cuarto día: Entre la droga y Dios

Fue un día muy común, de esos tantos que me esperaban dentro del programa. Al levantarme y mirar hacia afuera, vi caminar a un señor gordo y calvo. Su manera de moverse transmitía molestia, fastidio; quizá era más preciso decir que se veía estresado. Daba la impresión de tener un carácter fuerte. Aunque, en realidad, todo eso solo lo imaginaba yo. No podía hablar con nadie todavía; seguía en cuarentena, observando el mundo desde la distancia, interpretándolo en silencio.

Esa quietud me llevó a recordar un suceso de cuando vivía en una de las muchas ciudades por las que he pasado. Rentaba un apartamento con unos amigos. Uno de ellos era un compa muy egoísta y burlón, muy fijado, medio metiche y entrometido. Aun así, en el fondo era buena persona. No quiero expresarme mal de él. Sin embargo, fue quien me influenció en el vicio al que había caído: la droga.

En ese apartamento había drogas todos los días. Entraba y salía gente constantemente, como si nunca hubiera calma ni silencio. Ahora, al recordarlo, llegan demasiadas imágenes a mi mente. Son tantas que me invade una tristeza profunda con solo traerlas de vuelta.

Estaba acostado, completamente drogado. Desde hacía tiempo, las drogas ya no me aceleraban; me apagaban. Me hacían dormir, desaparecer por ratos. En medio de ese estado, sonó mi teléfono. El sonido me sacó de golpe de ese letargo artificial.

Era un amigo de la iglesia que acababa de conocer. Se llamaba Samuel; era hermano de mi mejor amigo de la escuela. Aún no nos conocíamos mucho, pero su voz sonaba genuina.

—Hey, Carlos, ¿cómo estás? —me dijo.

—Mira, necesito que me hagas un favor —contesté, sin rodeos.

—¿Qué ocupas? —preguntó.

—Vamos a sacar del corralón una troca que a mi hermano Juan le quitaron los policías ayer —dijo.

Pero en el estado en que me encontraba, supe de inmediato que no podía ir. Mi cuerpo no respondía, mi mente estaba nublada, y cualquier intento habría sido una mentira más.

—¿Qué te pasa? —insistió él.

En ese momento, incluso explicar lo evidente se sentía difícil. Yo estaba ahí, pero no estaba.

Al final me convenció y decidí acompañarlo. Aun así, algo dentro de mí presentía que no era buena idea, pero ya estaba acostumbrado a ignorar esas señales. La sorpresa que me esperaba fue más grande de lo que podía imaginar.

Al salir, a la vuelta de la esquina, me pasé un letrero de alto. Del lado derecho de la carretera venía un tráiler. Escuché el sonido del claxon, largo y desesperado: *piiii... brrrrnnn*. Estaba tan drogado que iba completamente distraído, desconectado de la realidad. Todo pasó en segundos. Terminé metiéndome debajo del tráiler. No sé cómo ocurrió exactamente, ni cómo logré salir de ahí. Solo sé que salí ileso. Fue una de esas situaciones en las que la lógica no alcanza para explicar nada.

Cuando reaccioné, estaba pálido y nervioso. El cuerpo me temblaba. Creo que hasta lo drogado se me había quitado del puro susto. La muerte había pasado demasiado cerca, y por un instante sentí que me había dejado vivir sin dar explicaciones.

Al llegar a casa de mi amigo Samuel, me miró con preocupación.

—¿Por qué estás tan nervioso?, ¿por qué estás tan pálido? —me preguntó.

Le conté lo que me había pasado. Después de eso, seguimos con el plan y fuimos a sacar la troca. En el camino, mientras avanzábamos, le fui abriendo partes de mi historia que casi nunca contaba: lo que venía cargando desde hacía tiempo, cómo había terminado en las drogas y cómo, sin darme cuenta, había ido perdiendo el control de mi propia vida.

Samuel me escuchó con atención. No intentó corregirme ni juzgarme. Me ofreció ayuda y me prometió que haría lo posible por ayudarme a salir de ese infierno. Sin embargo, ese día no podía llevarme de regreso, porque tenía que ir a un retiro en una iglesia.

Yo me rehusé de inmediato. Sabía cómo estaba y no quería exponerme.

—No puedo ir en el estado en que estoy —le dije—. ¿Cómo voy a entrar a un retiro drogado? Mejor te espero en el carro.

Samuel insistió, con una calma que me descolocó:

—No tienes que entrar, pero el simple hecho de estar allí te va a ayudar.

No sonó como una obligación, sino como una invitación. Al

final, me convenció. Y sin entender del todo por qué, terminé yendo, sin saber que ese paso, aparentemente pequeño, iba a quedarse marcado en mí mucho más de lo que imaginaba.

Ese lugar estaba lleno de gente que bailaba, cantaba y alababa a Dios. Yo me quedé aparte, muy serio, observando todo a mi alrededor. Me sentía fuera de lugar, como un espectador que no sabía si pertenecía ahí. De pronto, la coordinadora del evento tomó el micrófono y comenzó a decir:

—Hermanos, cantemos, alabemos al Señor. Canten, dancen, alaben a Dios. No se preocupen por quien esté grabando; ahí está alguien grabando.

Ella cantaba y alababa con libertad, y una y otra vez repetía en voz alta:

—¡Canten y dancen!

De pronto, el tono de la música cambió. Comenzó una melodía suave, instrumental, apenas audible. *Dios es amor y hoy te lo dice…* La coordinadora empezó a orar, y después de la oración contó una historia sobre el águila: cuando el águila llega a la mitad de su vida, debe tomar una decisión definitiva, una decisión de vida o de muerte. En ese instante doblé mis rodillas. No fue un acto planeado; fue cansancio. Estaba agotado de luchar conmigo mismo.

En ese entonces trabajaba en dos empleos de comida rápida. En uno entraba a las cinco de la mañana y salía a la una de la tarde; en el otro entraba a las cinco de la tarde y salía a la una de la mañana. Al mismo tiempo, mis compañeros de apartamento se la pasaban tomando y drogándose en la casa. Ya les había pedido muchas veces que se calmaran o que, de lo contrario, tendrían que irse. Nada cambió. Seguían tomando y drogándose, igual que yo. Pero yo ya estaba harto. Cansado de ese ciclo, de ese ruido constante, de esa vida que no llevaba a ningún lado. Fue entonces cuando decidí no volver más al apartamento.

No era todavía fuerza, ni una fe completa. Era algo más pequeño, más silencioso: un deseo genuino de cambiar. Aquel retiro, aquella melodía suave y la historia del águila se quedaron grabados en mi mente. Entendí que, si quería vivir, tenía que dejar atrás ese mundo distorsionado en el que me había metido y comenzar, aunque fuera con pasos torpes, a reconstruir mi vida.

La raíz de todo: la depresión

Adicción: ¿qué es la adicción? Es una acción repetitiva y negativa que afecta a la persona física, mental o espiritualmente; una forma obsesiva de adquirir algo y abusar de manera constante. En otras palabras, es una conducta que atenta contra uno mismo o contra segundas y terceras personas.

Todos nacimos para morir, y vivimos un diario aprendizaje donde los días y el tiempo están llenos de retos y decisiones por tomar. Cada decisión genera una reacción y una consecuencia, ya sea positiva o negativa. Lo bueno del final de cada acción es aprender algo nuevo y reconocer que, si fue errónea o negativa, no es más que un aprendizaje adicional. Es una misión donde no hay coincidencias ni casualidades. Hay quienes dicen que es "diosidencia"[1]; yo más bien diría que es correspondencia.

Cada experiencia nueva nos pide decidir si seremos el protagonista o el antagonista de nuestra propia historia.

Depresión: en mi experiencia, es un vacío que muchos cargamos desde el vientre de nuestra madre; una carencia

---

1 *Término popular que combina "Dios" y "coincidencia", usado para expresar que ciertos sucesos no ocurren por azar, sino por intervención o propósito divino.*

emocional donde falta el afecto, el cariño y el amor. Somos seres llenos de sentimientos, pero cuando no los recibimos, sentimos ese vacío, vivimos la soledad, los recuerdos tristes y los traumas que nos marcan.

En el cerebro se libera un químico llamado dopamina, responsable de regular nuestro placer y estado de ánimo. Según yo entendía en aquel tiempo, su equilibrio dependía de elementos naturales como la vitamina D. Una de sus fuentes más grandes es el sol, la más efectiva. También se encuentra en diversas frutas y verduras. Hoy en día existen tabletas y medicamentos que ayudan, pero lo natural siempre será lo mejor.

Vivimos en una sociedad que invade nuestros sentidos. Lo que surge como tecnología, modas y estilos parece lo correcto, pero ¿en realidad lo es? ¿O es solo otra mentira? Si queremos vivir una vida "normal", terminamos yendo con la corriente: lo nuevo, lo novedoso, lo mejor de lo mejor. El mejor televisor, el mejor teléfono, el mejor carro… una obsesión disfrazada de necesidad.

¡Vaya! Todo un ciclo de adicción, obsesión e inconformismo, hasta que nos hacemos creer a nosotros mismos que es indispensable cambiar constantemente. Y sin darnos cuenta, buscamos llenar vacíos con cosas, con excesos, con distracciones que nunca alcanzan para sanar lo que llevamos dentro.

La vida cambia, el mundo está en transformación y, en medio de todo eso, emprendemos un camino que muchas veces no escogimos, pero que igual debemos recorrer. Un camino donde la depresión abre la puerta y la adicción entra sin pedir permiso. Y aun así, con todo, seguimos caminando.

Despedida del primer valiente

Ese día tuve un sueño extraño. Soñé que Eugenio, otro de los compañeros del grupo, había rentado una máquina para su compañía de construcción. En el sueño la había puesto sobre una traila y, de pronto, alguien se la robaba. La sensación fue tan vívida que me desperté de inmediato, con una inquietud difícil de explicar.

Salí afuera tratando de sacudirme el sueño y, junto a la cocina, me lo encontré. Por un momento me quedé sacado de onda. Justo el día anterior, al salir del cuarto, le había dicho que cuando dejáramos este lugar le presentaría a unos amigos que podrían ayudarlo con su meta de iniciar una compañía. Uno de ellos trabajaba en un programa que apoya a personas latinas para que comiencen su propio negocio. Todo eso pasó por mi mente en segundos, como si el sueño y la realidad se hubieran cruzado.

Ese día me tocó preparar la tradicional carne asada. Eugenio estaba por irse del programa, pero su actitud era extraña. Parecía impaciente, inquieto, como si no quisiera marcharse del todo. Siempre se enojaba con facilidad y tenía la costumbre de tratar de manipular a todo el mundo. Aun así, había algo en él que reflejaba conflicto, como si no estuviera completamente listo para soltar ese lugar que, de una u otra forma, también lo estaba sosteniendo.

La carne aún no estaba lista y él ya estaba ansioso por comer. Su impaciencia se notaba en los gestos, en la forma en que miraba el asador una y otra vez. Me dio mucho coraje, pero no le dije nada en ese momento. Algo en su actitud me recordó a una persona muy querida, y ese recuerdo me detuvo. No quise reaccionar desde el enojo.

Él sabía que yo también me enojaba con gran facilidad. Cada vez que eso pasaba, me apartaba del grupo y me iba por el Camino de Carlos a caminar o a correr, buscando calmar lo que se agitaba dentro de mí. Pero esa vez no tenía opción. Estaba a cargo del BBQ, atado al fuego y a la espera, obligado a quedarme ahí, respirando hondo, aprendiendo, sin darme cuenta, a sostener el momento sin huir.

Más tarde me preguntó si estaba molesto. No le contesté. Sabía muy bien que a él le encantaba provocar a la gente, medir reacciones, empujar límites. Un día, por la tarde, salimos a caminar por el *Camino de Carlos*[1]. El aire ayudaba a aflojar lo que se quedaba atorado por dentro. Al llegar a la parte de atrás de la residencia, terminamos hablando de nuestras diferencias, sin rodeos.

—Sé que tú eres muy honesto y le dices las verdades a la gente —me dijo.

—No es tan verdad como crees —le respondí.

—Por favor, ¿qué piensas de mí? —replicó.

—¿De verdad quieres saber qué pienso de ti? Si te lo digo, espero que no te enojes —le dije, midiendo el terreno.

---

1 *Así le llamamos al sendero que se formó en el suelo por las constantes pisadas alrededor de la cerca de la casa. Como no se podía salir, el camino quedó marcado y todos comenzaron a llamarlo "el Camino de Carlos".*

—No, te prometo que no —respondió.

Me rasqué la cabeza, tomé aire y hablé con franqueza.

—Eres mentiroso, chismoso, siempre quieres tomar el control de todo, eres muy entrometido y te gusta hacer enojar a los demás. Además, eres burlón y envidioso —le dije.

Para mi sorpresa, no reaccionó como esperaba.

—No lo había notado, pero lo voy a anotar para que no se me olvide. Voy a trabajar en ello —me contestó.

Después de eso, me contó parte de su historia, aunque no toda. Había cosas que todavía no estaba listo para decir.

—Estoy casado, tengo varios hijos. Mi esposa me corrió de la casa; aventó toda mi ropa a la calle. Era mucha mercancía de la que me dedicaba a vender, un jale² que yo sabía cocinar bien. Hubo mucha gente que me quedó a deber —dijo.

Mientras lo escuchaba, entendí que detrás de su carácter difícil también había pérdida, frustración y una vida desordenada, no muy distinta a la mía.

—Yo también quería empezar a vender, y tengo un compa al que le deben mucho —le respondí.

Él pareció animarse con la idea y enseguida preguntó:

—¿Tú no conoces a alguien que me pueda hacer un trabajito de ir a cobrarles?

Negué con la cabeza antes de contestar, porque la respuesta ya la tenía clara.

—La verdad sí —le dije—, pero la neta no quiero más líos con esa gente. Llamar a alguno de ellos sería volver a lo mismo, y yo

---

2 *En ciertos contextos de la jerga callejera y del narcotráfico en México, el término "jale" se utiliza para referirse a la venta o distribución de drogas, incluyendo el cristal o las metanfetaminas.*

estoy aquí para hacer un cambio. Eso no entra en mis planes.

Era una persona que siempre se notaba desesperada, ansiosa, como si viviera en un estado constante de alerta. Creo que era bipolar, porque decía una cosa y luego otra, o cambiaba de ánimo con mucha facilidad. Pasaba de la calma al enojo sin transición.

En una ocasión comentó que, estando en un hotel, había mandado a unas personas a que le trajeran una pistola y que se quedaran vigilando en la puerta. Dijo que llevaba varios días sin dormir y que sentía que lo iban a atacar. Al escucharlo, me quedó claro el nivel de paranoia y desgaste con el que cargaba.

A pesar de todo lo que compartía con el grupo, hubo algo que nunca mencionó. Tenía una niña con discapacidad. Nunca hablaba de ella, como si ese tema estuviera prohibido incluso para él mismo. No supe por qué, pero era evidente que ahí había un dolor que prefería mantener en silencio.

Sin embargo, este compañero era muy inteligente. Se notaba su capacidad y las ganas genuinas que tenía de salir adelante. Era compasivo, y me gustaba platicar con él, sobre todo cuando hablaba del daño que había causado y de todo lo que había perdido a causa de la droga. Tenía la valentía de reconocer sus errores. Incluso un día contó que había culpado a un amigo de haberle robado, cuando en realidad no fue así; simplemente se había equivocado. Aceptarlo no le fue fácil, pero lo hizo.

Algo que siempre me llamó la atención de este compa es que, cada vez que lo retaban, respondía con aguante. Su cuerpo, su actitud, mostraban una alegría auténtica, como si el reto no lo aplastara, sino que lo impulsara. Esa forma de enfrentar las cosas decía mucho de él.

Me enseñó muchas cosas, y por eso le estaré agradecido

siempre. Gracias por compartir parte de tu vida conmigo; te lo agradezco de corazón. Deseo que todo el éxito que anhelas lo logres a través de una sobriedad duradera. Gracias, Eugenio, por ser parte de mi recuperación. Fuiste el primero en irte graduado del programa, y gracias también por el bandolón que me llevaste para cantarme *Las Mañanitas* aquel día que te molestaste porque no salí ni siquiera a asomarme a la ventana.

Pero gracias. De verdad, gracias. Que Dios bendiga a tu familia y pa' delante.

En el rancho

El día que fuimos al *Rancho de Aris* lo recuerdo como si hubiera sido ayer. No fue un día cualquiera. Fuimos todos: los trabajadores y quienes participábamos en el programa, como una pequeña comunidad saliendo junta a respirar otro aire.

Mi respiración ya era débil desde antes, y al llegar me di cuenta de que para alcanzar el río había que bajar casi dos millas cuesta abajo. Solo de verlo supe que no sería fácil, pero aun así seguí adelante. No quería quedarme atrás.

El día estaba cálido. El cielo, completamente azul, y el sol brillaba con una intensidad que hacía que todo se viera más bonito, más vivo. Spoky traía una bocina y la música nos acompañaba durante el camino, marcando el ritmo de la caminata. Mallito, Damián y Shago iban charlando animados, riéndose, como si por un momento nada pesara. Cuquis caminaba delante de todos, cantando y bailando, contagiando ligereza.

Yo avanzaba más despacio, caminando con Manuel, uno de los trabajadores, y con Chiquilín, hasta el fondo del camino. Cada paso se sentía en el cuerpo, pero también en la mente. Era una bajada larga, no solo hacia el río, sino hacia un espacio donde, sin saberlo todavía, algo más iba a empezar a moverse dentro de mí.

Dejé mis viejas garras junto al río y, por primera vez en mucho tiempo, comencé a aprender a volar libre.

—Tu eres la víbora retorcida —contestó Damián, sin pensarlo mucho.

—Damián, tú no eres así, ¿por qué me contestas así? —intervino Mallito, tratando de poner orden.

Las carcajadas no se hicieron esperar. Las risas rebotaban entre nosotros y se mezclaban con el sonido de los pasos y el eco del camino. Por un momento, todo era simple, ligero, humano.

Mientras seguíamos bajando hacia el río, desde lo lejos nos llegaba el olor de la carne asada que la cocinera ya estaba preparando. Ese aroma, intenso y familiar, parecía acompañarnos cuesta abajo, anticipando un momento de descanso después del esfuerzo.

En el camino encontré un bastón para poder caminar. Lo levanté casi por instinto, porque sentía que no iba a poder subir de regreso solo, considerando mi condición médica. Desde ese momento me repetía que no me metería al río. Cada vez que veía uno, algo se activaba dentro de mí. Me venía a la mente aquella vez, años atrás, cuando casi me ahogo en un río en Canby, Oregón. El recuerdo seguía vivo, aunque el tiempo hubiera pasado.

Ese había sido un día común, pero especial para mi hermano mayor. Él, mi padre y la esposa de mi hermano habían salido a comprar un carro. Mi hermano me invitó a acompañarlos, pero no quise ir. En su lugar, decidí acompañar a mi primo al río, sin imaginar lo que ese día iba a remover en mí.

No sabía nadar muy bien; apenas estaba aprendiendo. Siempre que iba al río me metía con huaraches o sandalias, como una forma de sentirme más seguro. Pero ese día decidí entrar descalzo. El agua no estaba tan honda; me llegaba apenas hasta la cintura. Aun así, avanzaba con cuidado, escuchando el sonido del agua y tratando de no pensar demasiado.

De pronto, mi primo gritó desde más adelante:

—Charly, ¡vamos al árbol a aventarnos!

Su invitación quedó flotando en el aire, justo en el punto donde el miedo y la decisión empezaban a encontrarse.

El día estaba lindo: soleado y con un poco de viento, lo suficiente para mover el agua y refrescar el ambiente. Había alrededor de unas diez personas reunidas cerca del árbol. Mi primo se acercó primero y yo, sin querer quedarme atrás, lo seguí. Todo parecía controlado, hasta que de pronto sentí que el piso simplemente desaparecía bajo mis pies.

Comencé a nadar de inmediato, pero algo me jalaba hacia lo más profundo, como una fuerza invisible que me arrastraba justo hacia donde estaba el árbol. La profundidad era de unos ocho pies, quizá un poco más. El cuerpo entró en pánico antes que la mente.

Intenté pararme sobre una roca para impulsarme, pero me resbalé y volví a quedar a flote, luchando. Nadé otra vez, con torpeza, ya cansado, sintiendo cómo los brazos y las piernas empezaban a fallar. Los esfuerzos se volvían inútiles. Por tercera vez intenté salir del hoyo y apoyarme en la piedra, pero fue en vano. El cuerpo ya no respondía.

Entonces todo se volvió completamente blanco. En medio de ese vacío, una voz resonó con claridad en mi mente: *Esto es la muerte.* Y de inmediato llegaron las preguntas, atropelladas, desesperadas: ¿pero cómo?, ¿y mi familia qué va a pensar?, ¿qué voy a hacer? ¡Necesito volver!

La blancura se transformó en negro, luego en gris, como si estuviera viendo una televisión sin señal, todo borroso, sin forma.

Poco a poco, la visión empezó a regresar. Sombras, como bultos, aparecían y desaparecían mientras escuchaba gritos lejanos:

—¡Carlos! ¡Charly! ¡Charly!

El gris se convirtió en azul, con el reflejo del sol. Los bultos comenzaron a tomar forma. Ya no estaba en el agua. Había varias personas alrededor de mí, yacía fuera del río. No hacía falta que nadie lo explicara: era evidente que alguien me había salvado la vida.

Me levanté como pude y le dije a mi primo:

—Vámonos.

—Pero por acá está la salida —contestó, señalando otro rumbo.

Yo, sin saber bien por qué, quise regresar hacia el río. No había lógica en ello, solo una urgencia extraña. En cuanto di la vuelta, todo se apagó. Caí desmayado. Para entonces, la ambulancia y los paramédicos ya habían llegado. Me subieron y me llevaron al hospital. Así terminó aquel día, marcado para siempre en mi memoria.

De vuelta al rancho, después de revivir ese recuerdo con tanta claridad, escuché la voz de Chiquilín gritándome desde el agua:

—¡Ándale, little bro! Métete al agua, está bien chido. No te va a pasar nada, nosotros te cuidamos.

Por un segundo dudé. Todo lo vivido pasó por mi mente en un instante. Luego, sin pensarlo demasiado, me valió. Y contra todo pronóstico, me tiré de cabeza al agua.

Ya estando todos ahí, excepto Damián y Mallito, Chiquilín y yo comenzamos a salpicarnos. Golpeábamos el río con las manos, chapoteábamos con fuerza y gritábamos junto con los demás, como si el agua pudiera arrancarnos todo lo que traíamos atorado por dentro:

"A la chingada[1] el cristal, a la verga el alcohol. Me miento a la chinita[2], pinche china, por ti no voy a sufrir más. A la chinita".

Gritábamos con el pecho abierto, sin pensar en quién escuchaba. Era un desahogo crudo, casi salvaje. Entonces, con la misma fuerza, Chiquilín levantó la voz y exclamó:

"Amaliaaa, al diablo contigo, Amaliaaa. ¡Ya no más, Amalia! ¡A la verga el cristal, a la verga todo! Esto que siento aquí se queda; los recuerdos se van y somos libres, libres, Amalia".

El agua nos cubría hasta el pecho, pero lo que realmente se estaba limpiando no era el cuerpo. Era algo más profundo. Algo que, por primera vez en mucho tiempo, comenzaba a soltarse.

Pero esos gritos, tanto para mí como para mi *big brother* Chiquilín, no eran solo desahogo. Eran un acto simbólico. Al gritar, estábamos renunciando al alcohol y a las drogas, rompiendo cadenas que los dos veníamos arrastrando desde hacía mucho tiempo. Mi martirio era la chinita; el de él, su Amalia. Nombres distintos, pero el mismo peso. Eran solo algunas de tantas cadenas que nos habían acompañado durante años.

Mientras tanto, Spoky estaba recostado en una mini cascada, inmóvil, meditando, dejando que el agua le cayera encima como si lo estuviera limpiando por dentro. Cuquis andaba buscando víboras, atento a cada movimiento entre las piedras, y las "víboras" de Mallito y Damián solo observaban desde fuera, mirando cómo

---

1 Es una frase coloquial muy común en México. Su significado puede variar según el contexto, pero aquí se refiere a rechazar, expulsar o desprenderse con fuerza de algo que les hace daño.

2 Apodo coloquial usado para referirse a una mujer con la que se tuvo una relación amorosa complicada o dolorosa; suele representar un apego emocional difícil de superar.

nosotros disfrutábamos el momento sin meterse al agua.

Entre broma y broma, celebramos ese comienzo de libertad. No era una victoria definitiva, pero sí un primer paso: soltar, aunque fuera un poco, las cadenas que arrastrábamos por la adicción. Aves cruzaban el cielo, serpientes se deslizaban en el agua, venados aparecían a lo lejos, abejas rondaban las flores. Todo parecía alinearse. Por un instante, aquel lugar se sentía como un paraíso. Hasta ahí, todo era muy bonito.

Al subir de regreso a la montaña, todos se adelantaron. Solo mi consejero y yo nos quedamos atrás. Por mi condición y el cansancio acumulado, avanzábamos más lento. Cada paso exigía atención. Mientras ascendía, respiraba con fuerza, despacio, marcando el ritmo, reflexionando. El cuerpo iba pesado, pero la mente estaba despierta.

En ese esfuerzo me sentía como el águila que, sobre la piedra, se arranca las garras con tristeza y desesperación, pero también con esperanza. Sabe que el dolor no es el final, sino parte del proceso. Sabe que, después, llegarán nuevas garras. Que volverá a subir la montaña. Que desde la cima podrá admirar los paisajes, agradecer a Dios por la belleza que lo rodea y por toda su creación.

Así lo sentía yo. Para que un día como ese existiera, un águila llamada Carlos tenía que dejar sus viejas garras sobre el río. Tenía que soltar lo que ya no servía, prepararse para un nuevo viaje, transformarse poco a poco en su recuperación. Fortalecerse. Volver a aprender a volar, no desde la huida, sino desde la conciencia. Como una nueva águila.

Al llegar a la cima, la carnita asada ya estaba lista. Comimos todos juntos y luego jugamos voleibol un rato, entre risas y cansancio acumulado. Después de eso, partimos rumbo a la residencia, con el cuerpo agotado pero el ánimo distinto.

De regreso en la van, íbamos cantando una canción que sonaba en la radio. Yo se la dedicaba, en tono burlesco, a Mallito, exagerando la letra y haciéndolo reír:

"Yo, ni tu amigo, ni tu hombre, ni perro, ni tu amante. Yo no soy un maniquí al que puedas hoy vestir el capricho de tu arte…"

Algo así; no recuerdo bien la letra, pero el momento quedó claro. Era una de esas burlas sanas que solo se dan cuando hay confianza.

En medio del camino, el chofer hizo un comentario sobre las montañas que nos rodeaban:

—Todas estas montañas estaban cubiertas por agua hace años; el nivel del mar hasta allá llegaba.

De pronto, la van quedó en silencio. Todos nos miramos, sorprendidos, imaginando ese paisaje imposible. El silencio duró apenas unos segundos, hasta que solté, con toda seriedad:

—¿Y quién se tomó toda el agua?

La carcajada fue inmediata. Todos estallaron de risa, quizá más por el tono solemne con el que lo dije que por la pregunta en sí. En ese instante supe que algo dentro de mí también estaba riendo distinto, más libre.

Qué día tan inolvidable…

Un encuentro con Dios en el río

En la curva del camino entendí que Dios no solo me esperaba en la cima, sino también en el murmullo del agua y en la quietud de mi corazón.

Cuando fuimos de pesca, llegamos alrededor de las ocho de la mañana. Desde temprano se sentía que no sería un día cualquiera. El río no estaba muy hondo y, en el lugar donde nos instalamos, ya había otras personas pescando, cada una en su propio silencio, concentradas en el agua.

Ese día era especial por otra razón: era el último día de Spokey en el programa. El consejero había acordado que, al regresar del río, haríamos su despedida. Saberlo le daba al momento un peso distinto, como si el tiempo estuviera marcando un cierre.

Nos instalamos con calma. Colocamos la carpa y bajamos todas las cosas del vehículo. Cada quien tomó su caña y comenzó la pesca, sin prisa, disfrutando el simple hecho de estar ahí. El día estaba fenomenal. El cielo lucía claro, azulado, y el agua del río se veía transparente, dulce, tibia. Tan agradable que daban ganas de meterse a nadar y quedarse ahí un buen rato.

Y para mi suerte, fui el primero en pescar algo. Era un pececillo pequeño, nada espectacular, pero era mío. No importaba el tamaño; fui el primero. Y en ese gesto simple, sentí una alegría limpia, casi infantil, como si la vida me estuviera regalando una pequeña señal de que también yo seguía aprendiendo a esperar… y a recibir.

Comenzamos a pescar y la emoción no tardó en crecer. Cada vez que lanzaba la caña, sacaba un pescado. Era como si el río estuviera especialmente generoso conmigo ese día. Fui uno de los que más pescó, disfrutando cada jalón, cada movimiento del agua. Don Toñito, uno de los trabajadores, fue quien sacó el pez más grande de todos. El segundo más grande lo pescó Spokey.

Cuando Don Toñito atrapó ese pez enorme, el animal estaba tan fuerte que tuvo que sentarse en el suelo para no dejarlo escapar. Todos mirábamos atentos, entre risas y admiración, mientras luchaba con él hasta finalmente dominarlo.

Poco después, mientras caminábamos por el río, alguien tomó una parte más honda sin darse cuenta. De pronto se escuchó un grito que rompió la tranquilidad del momento:

—¡Don Roque, ayúdeme! ¡Ayuda, ayuda!

Era Facundo. Ya no tocaba el fondo con los pies y comenzó a desesperarse. El cansancio lo estaba venciendo y nadaba con dificultad. Estaba a punto de ahogarse. Sin pensarlo, Spokey se lanzó hacia él y logró ayudarlo a salir justo de donde el suelo se le había acabado. Todo ocurrió en segundos, pero bastaron para recordarnos lo frágiles que somos, incluso en los días más hermosos.

Según Facundo, la caña se le atoró en el fondo. Intentó desatarla, pero no pudo y terminó perdiéndola. Spokey trató de buscarla, se metió un poco más, revisó entre el agua, pero no logró encontrarla. Al final, no quedó más que aceptarlo y seguir adelante.

Después de ese incidente, continuamos pescando, como si el río nos hubiera dado permiso de retomar la calma. El susto quedó atrás y el día volvió a su ritmo.

Al final de la mañana, alrededor de la una, regresamos a la carpa para preparar los peces que habíamos atrapado. Pescamos más de cincuenta, tal vez incluso más. Los doramos en aceite, uno tras otro. Estaban tan ricos que me comí cuatro sin pensarlo dos veces. Quedaron tan bien fritos que hasta los huesos se podían comer.

Doña Almendra, la cocinera, también nos acompañó ese día. Se veía contenta, disfrutando del río, nadando con tranquilidad. Chiquilín y Shago también estaban en el agua, igual que Spokey. Todo parecía fluir sin prisa, como si el tiempo se hubiera detenido para regalarnos ese momento sencillo, completo y lleno de vida.

Después de comer decidí relajarme en el agua. Había una roca desde donde el agua caía como una pequeña cascada. Me recosté ahí, dejando que el agua pasara sobre mi cuerpo, cubriéndome con su sonido constante. En ese instante no hacía falta hablar ni pensar demasiado. Solo estar.

Mientras permanecía ahí, meditaba en cuán grande es Dios por permitirme vivir un momento tan agradable, tan simple y, al mismo tiempo, tan lleno de significado. Sentía una paz que no recordaba haber experimentado en mucho tiempo.

Las aves comenzaron a pasar sobre mí. Conté siete, hermosas, cruzando el cielo con libertad. A lo lejos, a unos mil pies de distancia, vi una montaña. Sobre ella, un águila majestuosa se mantenía firme, observando desde lo alto. Sentía como si esa águila nos mirara con calma y serenidad, sin prisa, como testigo silencioso de todo lo que estaba ocurriendo.

Entonces una voz, suave y profunda, se escuchó dentro de mí. No fue estruendo ni imposición; fue consejo, fue calma. Me habló con palabras que me llenaron el alma:

Soy tu Dios, tu creador.
Aquel que un día, con un soplo, te dio la vida.
El que creó toda esta naturaleza tan sublime.

Todo esto lo construí para que hoy tuvieras un día agradable,
un encuentro conmigo.

Y el río, en su murmullo constante, parecía responder sin palabras, como si también tuviera voz:

Fuimos creados por el amor más grande,

el amor de Dios.

En ese momento sentía cómo el agua y las rocas me daban un masaje natural, lento, sanador. El cuerpo descansaba, pero algo más profundo también se acomodaba dentro de mí. No había dudas, ni prisa, ni miedo. Solo gratitud.

¡Cuán grande es Su amor y cuán inmensa es Su creación!

Muchas cosas pasaron por mi mente. Sentía cómo la naturaleza sanaba mi alma y restauraba mi ser. Todo a mi alrededor se mostraba pasivo, dulce, tierno conmigo, como si el mundo me estuviera tratando con una paciencia que yo mismo nunca me había dado. Las aves del cielo cantaban y el águila seguía ahí, observándome.

Cuando me di cuenta, el tiempo había pasado rápido. Los demás ya estaban recogiendo las cosas. Me hablaban, pero yo estaba tan concentrado en esa experiencia con la naturaleza que no los escuché de inmediato. Poco a poco regresé. Me levanté, fui hacia ellos, me vestí y traté de ayudar en lo que aún quedaba sobre las rocas.

Antes de irnos, miré una vez más hacia la montaña. Entonces lo entendí mejor: no era solo un águila, eran dos, cuidando su nido. La imagen se quedó grabada en mí como un recordatorio de protección, de acompañamiento y de vida.

Después regresamos a casa y realizamos la ceremonia de

despedida de Spokey. Fue un momento lleno de gratitud. Spokey, el gran compañero, el gran guerrero, quien me había enseñado disciplina con su ejemplo. Lo extrañamos, le echamos de menos y le deseamos lo mejor en su camino.

Yo le doy gracias por todo lo que, a través de él, aprendí.

El gran guerrero

Los guerreros son luchadores por naturaleza. Defienden su causa a capa y espada. Nacen con sed de justicia, aun sin una causa clara. El hervor lo llevan en la sangre: sangre de guerrero.

Es una batalla diaria, en la búsqueda por reencontrarse consigo mismos, tratando de ser triunfadores, peleando hasta consigo mismos.

Viven en un presente marcado por un pasado oscuro, del cual, al final, cuando lo consiguen, logran un triunfo: conocerse a sí mismos. Descubren que la valentía no la encontrarán afuera, ni que lo que los hará más fuertes serán las batallas externas o internas. La lucha es la misma, pero donde se identifica, donde se encuentra, es en ellos mismos.

Spoky se identificaba como un guerrero azteca. Cuando hacía su rutina, lo recuerdo bien. Este compañero pasó por una vida difícil, como cualquier otro, pero lo puedo reconocer como un guerrero.

Un hombre que nació en tierra de pescadores, Michoacán, e ingresó a los Estados Unidos en su adolescencia, creo que a los 12 años. Él contaba que había estado en la cárcel por nueve años.

Se hizo parte de una ganga de un barrio "de cholos[1]", guerreros que buscan un futuro mejor, un respeto a la raza, "nuestra raza".

Hablaba del "Hoyo Negro[2]" y de cómo era la vida en la cárcel: debían vivir siempre a la defensiva, pues nunca sabían qué podía pasar, si alguien los atacaría en cualquier momento. La realidad de tal sitio, el "Hoyo", lo hizo vivir así como es: valiente y sin miedo, dispuesto y puesto a cualquier batalla.

Una lucha diaria. Sus ojos reflejaban tristeza, su lenguaje corporal mucha astucia, su comportamiento mucha disciplina e inteligencia. Era muy reservado, pero con sed de liderazgo. Tenía mucho conocimiento en la cultura azteca; por eso y más, este libro lo describe como un gran guerrero. Sobrevivió en la cárcel, aprendió un estilo de vida y, en un programa de recuperación, se reencontró consigo mismo.

Gracias, "Cholo", por ser parte de mi recuperación. Te agradezco lo compartido mutuamente y las enseñanzas que me diste. Que tengas mucho éxito.

---

1 *Término que describe a personas asociadas a una subcultura urbana de origen mexicano o mexicoamericano, vinculada a la identidad de barrio, la lealtad comunitaria y, en algunos contextos, a pandillas.*

2 *Expresión usada para referirse a un área o condición dentro de la cárcel caracterizada por aislamiento, violencia constante y un ambiente de extrema supervivencia.*

No todas las batallas se pelean con espada; las más grandes se libran dentro del alma de un verdadero guerrero.

El umbral de la decisión

Mientras el viento soplaba entre los árboles que podía ver a través de la ventana, un compañero leía. Estaba leyendo sobre la negación y la preparación.

Alguien decía: "Ya soy sobreviviente de las drogas; nos pueden sacar de las calles, pero las calles no las pueden sacar de nosotros. Yo soy responsable de mis actos y consecuencias. Todo esto son mis problemas, no los de alguien más. Yo debo ser responsable".

El ambiente era agradable en el salón de clase; todo parecía normal.

De repente, se escuchó un golpe en la pared y varios ruidos. El nuevo, que había estado en el cuartito donde yo pasé la primera semana, estaba empacando para marcharse. A leguas se veía que no estaba preparado para una transformación, para un cambio. Se notaba desesperado, ansioso. Yo estaba 100 % seguro de que lo que quería era drogarse. Ojalá Dios no lo permita, pero no está en Dios decidir si alguien hace o no algo, ya que nos dio libre albedrío.

Yo estaba lleno de coraje, me sentía prepotente, queriendo decirle las palabras indicadas para que no se fuera, para que entendiera que era una buena oportunidad, la mejor decisión que había tomado al llegar aquí. Pero tal parece que estaba cerrado en su arrebatada decisión.

Me hizo recordar todas esas veces que yo me negué a aceptar esa ayuda, ese cambio. Ahora entiendo que, para poder salir del bosque, a veces me tocaba entrar al fondo para poder comenzar a salir de ese lugar de oscuridad.

También recordé cuando mi padrino me dijo: "Ve y toma todo lo que quieras: drógate lo más que puedas, asquéate, cánsate, diviértete, disfrútalo. Y cuando ya sientas que no lo necesitas, entonces sí estarás dispuesto a un cambio, porque habrás tocado el fondo del sufrimiento".

Este día fuimos a jugar un partido de voleibol con los compañeros. Yo estaba convencido de que iba a ganar, pero no fue así. Jugamos tres partidos y todos los perdí. Tal parece que faltó preparación, comunicación, confianza… qué sé yo.

Pero de lo que estoy seguro es que allá afuera hay un mundo lleno de retos, obstáculos, mentiras y odio; está feo. Y si voy para allá así, con esa actitud, no preparado, es muy seguro que iré directo al fracaso. Había muchos momentos como este en los que una simple actividad, como jugar voleibol, me enfrentaba a pensamientos, dudas o cuestionamientos sobre mi existencia: si estaba preparado o no para enfrentarme al mundo sin mi depresión, sin mi adicción y sin culpa.

Bien, pues volví al salón y, después de que el compañero decidió irse del programa, platicando con mi compa Shago Domínguez (el Cuquis), me comentaba que, cuando el compañero se fue, ni su familia le contestaba las llamadas.

—De seguro le llamó algún amigo de la actividad. ¿Y qué dirá la familia? "Poco hombre, poco padre" —dijo Shago—.

—Pues cuando vinieron a traerlo, ¿la familia se veía muy contenta? ¿Su hijo? Qué decepción será cuando se den cuenta de que se fue del programa —respondí—.

—¿Qué dirá su familia? —insistió, visiblemente angustiado—. Qué poco padre, no nos quieres, nos perdiste. Adiós, papá, adiós para siempre.

Los dos creemos que merece perdón y que le den otra oportunidad.

Esta mala decisión que tomó el compañero ni siquiera fue un fracaso total; quizás sea solo el comienzo de su propio camino de guerrero, uno que lo lleve a reencontrarse, como a todos nosotros.

El Cuquis: Una historia de infancia perdida

•••

Tenía mucho que decir, pero cada vez que intentaba escribir, me descubrían los recuerdos. Era de noche, un día muy intenso ya por terminar, y todos estábamos listos para dormir. Recordábamos las veces que Josby y Mallito se peleaban, porque uno se reía del otro. Entre risas cansadas, el Cuquis comenzó a platicar su historia. Era un compañero muy reservado, y esa fue la primera vez que lo vi llorar. Tal vez lo que dijo era demasiado sagrado para él, algo que había guardado durante años.

Mallito, por su parte, fue cruel al burlarse, pero al final nadie le dio importancia a ese show. Lo verdaderamente importante fue cómo el Cuquis nos tocó el corazón con su historia.

—Mi nombre es Shago —dijo.

—¡Animo Shago! —contestamos todos.

Y comenzó.

Recordó su infancia como niño callejero: andar con los amigos todos los días, todos sucios, sin rumbo fijo, buscando qué hacer para matar las horas. Se iban al río, se bañaban, hacían lo mismo que cualquier chamaco inquieto de esa edad. Se la pintaban de la escuela porque las clases no tenían sentido; el maestro era muy borracho… según él, lo único que les enseñó bien fue cómo darle a las botellas.

—En el río —contó—, cuando nos íbamos de pinta, nos bañábamos y había uno que le valía andar sin calzones. Al final todos azotando los chones[1] en las piedras, asustándonos.

Cada vez que regresaba a su casa, su hermano lo esperaba con una vara para "educarlo". Pero esas correcciones no lo corrigieron; solo lo hundieron más. La calle se convirtió en su verdadera escuela.

Ahí aprendió a robar, a hacer maldades con cuatro amigos. Planeaban meterse a robar tiendas, billares y hasta a un vecino le robaban. A las trocas [2]que vendían cañas de azúcar también les quitaban. Un día encontraron un fierro y lo usaron para meterse a una casa. Robaban cañas y las llevaban al potrero de su abuela para esconderlas y comérselas. Otras cosas robadas las vendían para comprarse lo que querían.

El tiempo pasó y esa malicia creció con él. Vivía solo con su abuelita y se sentía como un perrito sin dueño, sin guía ni afecto. Todo esto lo vivió en México, en su tierra.

Cuando tenía 16 años, decidió venirse a los Estados Unidos. Sus papás lo habían dejado en Jalisco desde niño; lo abandonaron aunque de vez en cuando mandaban dinero o ropa. Pero lo que él necesitaba no era ropa: era amor. Carencia de amor… esa fue su verdadera herida.

Al llegar a Hood River vivió en unas cabinas con sus hermanos. Trabajaba toda la semana y su hermano le quitaba la

---

1 Calzones.

2 Camionetas.

feria para pisteárselo[3] con sus amigos. Otro hermano tomaba y otro se drogaba. Era un ambiente pesado, frío, sin cariño. Y ahí, rodeado de tristeza, el Cuquis comenzó a refugiarse en el alcohol. Poco, pero mucho. Así decía: "tomo poco, pero mucho".

El tiempo del Cuquis en el programa llegó a su fin. La mañana en que se marchaba, como a las 6:30 a.m., salí a correr por el Camino de Carlos, como siempre lo hacía. Hacía un poquito de frío y estaba nublado, entre oscuro y claro. En el cielo había algo extraño: más de doscientas aves, todas alborotadas, como si conversaran entre ellas. Parecían prepararse para migrar. Sin aviso, comenzaron a volar en círculos alrededor de la casa, como una caravana danzando en el aire.

A la contra esquina había una escuela, y en uno de los árboles se posaron todas, como si fueran una asamblea. Era un despliegue raro, hermoso y misterioso, como si supieran que el Cuquis se marchaba. Esperaron a otras que llegaban de lejos, y cuando estuvieron completas, emprendieron vuelo de nuevo, rodeando el cielo sobre mí. Poco después desaparecieron.

Minutos después, el Cuquis, que estaba afuera regando el pasto como siempre, entró. Al verlo, lo saludé con confianza.

—Hey, buenos días, viejo —le dije.

—Buenos días —contestó.

—¿Sí vio las aves volando en caravana?

—Claro que sí —respondió—. Eso significa fortuna, dinero, buena suerte por muchos años… pero no se sabe para quién fue, si para ti o para mí.

Sonreí y le dije sin pensarlo mucho:

—Pues para quien haya sido, siempre y cuando se comparta.

____

3 *Beber alcohol.*

Recuerdo aquel amanecer,
con un compañero de alegría,
brisa fresca y nubes que se desvanecían,
las aves giraban en círculos,
en el frío fresco de la mañana,
anunciando con sus cantos
que algo bueno hacia ti se venía.
Cantos bellos, llenos de esperanza,
las aves se emprendían,
dejando atrás el oscuro pasado,
renunciando al dolor y al mal recuerdo,
dando paso a ese nuevo día.
Con su canto, nos decían
que una nueva vida con prosperidad vendría.

Mi compañero, con una gran sonrisa
y mirada al cielo,
me decía que cuando las aves vuelan así,
riqueza y prosperidad atraen.
Pero yo creía que se refería a lo material,
mi mente perversa y llena de avaricia,
lo primero que creí fue en bienes materiales.
Pero no, riquezas como sabiduría,
prosperidad y alegría revelaba ese día.

Pues el cruel pasado y despiadado,
entre esos desmedidos arrogantes,
como la noche oscura que ese amanecer despedía,
solo eran recuerdos tristes, pálidos y oscuros

que quedaban atrás para dar cabida
a una nueva forma de vida.

Pues así son las garras de la adicción,
envuelven entre oscuridad y tristes derrotas.
Pero ese día, lo que sí se anunciaba
era un nuevo porvenir,
pues ese compañero de esa casa residencial
se despedía de su triste pasado
y daba un bienvenido al nuevo estilo de vida.
Un hombre valiente y renovante renacía,
emprendiendo sus alas nuevas,
su nueva fuente de vida a su casa llevaría.

Y las aves en el cielo,
solo un canto de adiós al parecer,
a él le decían.

Los dos soltamos la carcajada. Fue una risa sencilla, de esas que no buscan nada más que el momento. En ese intercambio ligero, sentí que la vida también sabía bromear, incluso después de todo lo vivido.

Luego el Cuquis entró a la casa y yo continué con mis ejercicios. El cuerpo seguía en movimiento, pero la mente no. Estaba inquieta, cargada de pensamientos. Tenía muchas preocupaciones rondándome, pero una en especial me pesaba más que las demás: mi enfermedad del corazón. Ese día tenía cita con el cardiólogo, y la incertidumbre se me había instalado en el pecho desde temprano. Pensaba en cuánto tiempo, cuántas caídas y cuántas cosas tuve que pasar para finalmente darme cuenta de que necesitaba cambiar, de verdad.

Sin darme cuenta, la mente se me fue muy atrás. Recordé cuando tenía trece años, en aquella escuela de Michoacán. Estaba parado frente al ventanal del salón de artesanías. Era un salón sencillo, de madera, sin puerta ni ventana, apenas protegido del exterior. El frío se metía como podía, colándose entre las rendijas. Yo miraba hacia el azul del norte, hacia un horizonte que no entendía del todo, y me preguntaba en silencio cómo sería el futuro, qué me estaría esperando más allá de ese momento.

—¿Cómo será el año 2020? ¿Y el 2010? ¿El 2000? —me preguntaba entonces—. ¿Dónde voy a estar para esos años? ¿Cómo será Estados Unidos? Algún día voy a ir a los Estados Unidos, voy a viajar, voy a conocer muchos lugares del mundo...

Eran pensamientos grandes para un niño parado frente a un ventanal frío, sueños lanzados al aire sin saber si algún día tocarían tierra. Más de veinticuatro años después, esas preguntas regresan, pero ya no con la misma inocencia.

Hoy me pregunto: ¿cómo será el San Juan Nuevo que dejé? ¿Dónde quedó aquel jovencito lleno de sueños, de curiosidad, de esperanza? ¿Quién habría imaginado que terminaría aquí, en un centro de recuperación para adictos, replanteándome la vida desde sus cimientos?

El futuro llegó, sí, pero no como lo soñé entonces. Llegó cargado de lecciones, de heridas y de una verdad que ahora ya no puedo ignorar.

Como decía mi abuelita: tantísimas cosas se viven en el

cochinísimo[4] vicio. Un vicio que arrebata vidas, que hace desaparecer personas, que deja a otros extraviados entre culturas. Algunos buscan libertad, otros buscan identidad, otros solo buscan consuelo para seguir respirando un día más.

Muchos quedaron atrapados entre dos culturas y ya no son ni de aquí ni de allá. Sus sueños quedaron colgados en una frontera invisible, suspendidos en el tiempo, perdidos en la oscuridad del vicio. Unos buscando a Amalia en el bosque, otros queriendo regresar con la chinita. Mauricio solo buscaba un lugar seguro para dormir. Chiquilín buscaba a Amalia. Spokey buscaba libertad. Limón quería alcanzar sus sueños. Mallito cargaba con su pérdida. Cuquis solo quería no sentirse solo en las cabinas.

Y yo… yo buscaba entenderme a mí mismo.

Buscaba saber en qué momento me perdí, por qué me alejé tanto de aquel niño que miraba al norte soñando con el futuro, y cómo volver a encontrarme sin volver a huir.

El cochinísimo vicio destruye a quien se lo permite. Pero hoy, por hoy, ya no más. ¡No más! ¡Basta! Aquí pongo un punto final a esa búsqueda dañina, a ese extravío constante, a ese sufrir sin sentido. De ahora en adelante, decido creer que lo que viene son triunfos, aunque no siempre sean fáciles ni inmediatos.

Si estás leyendo estas líneas es porque todavía tienes fe, tienes amor y, sobre todo, tienes vida. Y mientras haya vida, hay posibilidad. No importa cuántas veces te hayas caído, cuánto hayas sufrido, qué daño te hicieron o qué daño hiciste. Lo verdaderamente importante es que aún puedes seguir adelante, aprender a levantarte y mejorar, una y otra vez si es necesario.

---

4 *Expresión para describir la adicción.*

A través de este libro, ojalá encuentres una historia con la que puedas identificarte. Que te reconozcas en alguna de estas vivencias y que eso te impulse a cambiar, a crecer, a atreverte. Recuerda esto: salirte de un lugar no significa que se te cayó el cantón, como a Chiquilín, ni que una derrota sea un fracaso. A veces, simplemente es una nueva oportunidad para crecer y reenfocar el camino.

Sí se puede. Todo es posible con perseverancia y constancia. Si yo puedo, ¿tú por qué no? Yo ya estoy encontrando al verdadero yo, poco a poco, sin máscaras. Alégrate. Sonríe conmigo o contigo mismo. Y si la vida te da frutas amargas, hagamos frutiponche[5] y transformemos eso en algo mejor. Eso es libertad.

Eso es la verdadera sobriedad.

Oración

Mírame aquí estoy, mi Dios.
Los aires de la vida hasta acá me trajeron.
Dime qué quieres de mí.

Dame sabiduría para entender tus senderos.
Dime qué debo comprender, qué debo aprender, cuál es tu voluntad para conmigo.

Yo no soy digno de servirte, pero si es tu voluntad, aquí estoy para que sea bueno.

---

5 *Bebida imaginada usada como metáfora de transformar lo amargo en algo bueno.*

Dios mío, quiero saber amar.
Quiero entender todo lo que he caminado.
Quiero conocer el propósito detrás de este dolor.
Permíteme ver con los ojos del corazón aquello que hoy no entiendo.

¿Por qué atravesé tanto dolor?
Manifiéstate en tu verdad.
Antes, préstame tus oídos para escuchar tu mensaje.
Dime qué debo grabar en mi alma, qué debo aprender de tu palabra.

Guía mis manos.
O úsalas Tú.
Que seas tú quien escriba estas palabras.

Deseo ser un instrumento de paz, una herramienta moldeada por tus manos.
Un caballo que cabalgue entre los bosques;
una carreta que recorra los caminos;
una bicicleta que suba y baje las montañas;
un águila que busque la libertad en los cielos;
una abeja que, de flor en flor, siembre belleza.

Transfórmame.
Moldeame más a tu semejanza.
Entre más te conozca, más crece el amor hacia Ti.

*Quiero ser como Tú, Señor: amar como Tú, vivir como
Tú.*

*Llevaré tu mensaje al mundo: tu grandeza no se compara.
Tú eres el amor, la verdad y la vida.
El Todopoderoso.
Alfa y Omega.
El ayer, el hoy y el mañana.
Desde los siglos hasta los siglos.
Solo Tú eres la raíz de toda creación.*

*Tu amor se pasea por el universo: entre estrellas, lunas y
planetas;
en el viento que se mece en los árboles,
en el agua que cubre los mares,
en los ríos que calman la sed,
en las gotas de lluvia que enverdecen los campos.*

*Así de infinito es tu amor.
Así de eterno es tu poder.
Tu creación entera canta un son de paz
y desea solo una cosa: ser amado por Ti.*

*Gracias, Dios.
Bendito sea tu amor.*

El camino grande

Era una mañana del 25 de agosto. Durante la meditación de las siete estábamos conversando, compartiendo pensamientos, y poco a poco llegamos a una conclusión que nadie dijo con ligereza: no todos somos capaces de terminar el programa. No por falta de valor, sino porque cada quien carga con batallas distintas y tiempos diferentes.

Yo pensaba en mi propio camino, en cómo cada vez que salía a correr solía decir que el sendero ya había sido recorrido por alguien más, que estaba lleno de piedras, de tropiezos visibles. Pero al final entendía algo simple: no se trataba de evitar las piedras, sino de tener la resistencia suficiente para seguir avanzando a pesar de ellas.

Chiquilín respondió con calma, casi sin dramatismo:

—*It is what it is, it is what it's going to be.*

Sus palabras eran sencillas, directas, sin adornos. Y aun así, no dudé cuando otro chavo agregó, como si estuviera cerrando una idea que todos sentíamos:

—¡Ay Chiquilín, tan grandote y no cambias! —Dijo Mallito.

Esa frase se quedó conmigo. Se volvió una especie de guía silenciosa, un recordatorio constante de que, aunque a veces uno se pierda, aunque el camino se vuelva pesado o confuso, siempre existe la posibilidad de volver a intentarlo. El camino grande no se mueve; somos nosotros los que aprendemos, poco a poco, a caminarlo.

Un sendero de tierra serpentea entre árboles altos, invitando a avanzar a pesar de las piedras en el camino.

Entonces recordamos a un compañero al que le decíamos "la mona pateada", cuyo verdadero nombre era Mallito. La conversación nos llevó, casi sin darnos cuenta, a hablar de aquellos que se habían ido y de los pocos que seguíamos ahí. Era imposible evitarlo. La realidad es dura: son muchos más los que no logran permanecer y muy pocos los que somos capaces de cruzar el camino de la verdad hasta el final. Según nuestro entendimiento, quizá un setenta y cinco por ciento se va y solo un veinticinco por ciento logra quedarse.

No lo decíamos con soberbia, sino con conciencia. Permanecer no es cuestión de suerte, sino de decisión, constancia y, muchas veces, de enfrentar cosas que uno lleva años evitando.

En medio de esa charla, Manuel compartió su propia experiencia en el camino de la verdad. Habló desde un lugar sincero, sin máscaras. Contó que, en sus oraciones, le pedía a Dios que lo ayudara a dejar las malas mañas: dejar de andar vagando por los cerros, dejar de gastar el dinero de sus hijos, dejar de pelear constantemente con su esposa y, sobre todo, dejar de hundirse en el vicio. Al escucharlo, entendí que todos, a nuestra manera, estábamos pidiendo lo mismo: una oportunidad real de cambiar.

—He luchado por rescatar a mi familia, y si yo no quedo, tan solo pido que mis hijos sí lo logren —decía Manuel, con el rostro cargado de sinceridad, sin necesidad de exagerar nada.

—¡Y los rescaté! —respondió con firmeza el Cuquis, como quien habla desde la experiencia.

Al rato, Chiquilín añadió con tranquilidad:

—Luego lo harás, creo que sí.

Manuel, a quien muchos conocíamos como el Chiquilín, siguió compartiendo. Recordó cómo en una ocasión su suegro lo había amenazado directamente, sin rodeos:

—Si hablas de mí, con una sola llamada tengo cómo hacer que te hagan daño. Solo una llamada me cuesta escuchar y saber todo lo que hables y digas.

Al contar eso, Manuel soltó una risa cargada de sarcasmo y respondió como si reviviera el momento:

—Ah, ¿con que queriendo joder al patrón de patrones, al fregón de fregones?

Luego añadió, con franqueza brutal:

—Poquito me faltó hasta para vender drogas.

—¡Hasta el Chikito quería vender! —contestó el Cuquis, riéndose.

—Sí, pero ese era gratis —replicó Chiquilín, carcajeándose también.

Las risas se mezclaron con el silencio que vino después. Entonces la reflexión cayó sobre todos nosotros, sin que nadie tuviera que decirla en voz alta: muchas veces, cuando andamos perdidos en la adicción, somos capaces de vender hasta lo que no es nuestro, incluso aquello que debería ser sagrado.

Quiero detenerme un momento para añadir unas líneas sobre lo que era el Camino de Carlos, como todos lo llamaban. No nació de un día para otro. No apareció de golpe. Ese camino se fue forjando con el paso constante de los días, casi sin que yo lo notara.

Todas las mañanas, puntualmente a las seis, salía a correr. Sin música, sin distracciones, solo yo y mis pensamientos. A ese trayecto comenzamos a llamarlo "el Camino de Carlos", marcado por las huellas repetidas de quienes, como yo, lo recorríamos en silencio. Con el tiempo, mis pisadas fueron dejando algo más que marcas en la tierra. Se fue formando un sendero hecho de lágrimas contenidas, de esfuerzo diario, de voluntad firme y de una esperanza que se renovaba con cada amanecer.

En ese andar no solo avanzaba físicamente. Ahí también se iba escribiendo mi historia, y la de muchos otros que han cargado el peso de una adicción. Cada paso era una lucha interna, una conversación conmigo mismo, una decisión consciente de no rendirme. A veces corría con rabia, otras con tristeza, otras simplemente por inercia. Pero siempre seguía.

Poco a poco fui transformando mi ser. Sin darme cuenta, con constancia y fuerza de voluntad, algo dentro de mí empezó a despertar. El alma, cansada de huir, comenzó a ponerse de pie.

Ese camino era grande, no por su longitud, sino por lo que representaba. Tenía un valor sentimental profundo, porque se convirtió en testigo silencioso de uno de los cambios más importantes de mi vida. Ahí dejé versiones viejas de mí mismo y empecé a construir, paso a paso, al hombre que estaba aprendiendo a ser.

Tal vez por eso entendí que el Camino de Carlos no era distinto al camino grande del que hablábamos esa mañana. No era más fácil, ni más corto, ni más seguro. Simplemente era el mío. Un camino que no prometía llegar primero, pero sí avanzar con verdad.

No sabía si estaría dentro de ese veinticinco por ciento que logra quedarse. Nadie lo sabe mientras camina. Lo único claro era esto: mientras siguiera poniendo un pie delante del otro, mientras siguiera eligiendo no huir, yo seguía en el camino.

Y a veces, eso es suficiente.

¿Qué es el liderazgo?

Existen muchos líderes que han cambiado la historia de la humanidad con el ejemplo de sus vidas. Sus acciones nos conducen a mirar la realidad con otros ojos y nos muestran modelos de heroísmo dignos de seguir. Entre ellos podemos recordar a la madre Teresa de Calcuta, a César Chávez, a Benito Juárez, a Policarpa Salavarrieta y a muchos más.

Pero, sin duda, uno de los líderes que más me inspira es el líder de líderes, el Señor de señores, el Rey de reyes: Jesús de Nazaret.

Él, a sus treinta y tres años, formó un grupo de amigos, de apóstoles, a quienes guió con el ejemplo y entrenó para llevar adelante un proyecto tan grande que, después de más de dos mil años, sigue plasmado en la historia. Su propósito trascendió generaciones: llevar el mensaje del amor, amarnos los unos a los otros. Del amor nacen la paz, el respeto, la igualdad, la aceptación, la humildad y la generosidad. Su mensaje fue siempre de paz, perdón y reconciliación.

Jesús enseñaba que el único camino hacia la verdad es una transformación interior: del odio al amor, de la mentira a la verdad, del resentimiento al perdón.

La comunidad que formó estaba compuesta por hombres y mujeres comunes, muchos considerados indignos por la sociedad: ladrones, pecadores, cobradores de impuestos, pobres y descarriados. Y fue con ellos con quienes eligió caminar y construir un proyecto que cambiaría al mundo.

A cada uno les pidió un cambio profundo: dejar atrás lo que los ataba para poder seguirlo. Y aun así, cuando llegó el momento de la prueba, muchos lo traicionaron o lo rechazaron.

Ese mismo Jesús, que murió en la cruz, se entregó por mí y por mis pecados. Fue Él quien me salvó del pecado, de mi drogadicción y de mi alcoholismo. Fue Él quien me impulsó a cambiar, a ayudar al prójimo y a enseñar con el ejemplo.

Hoy entiendo que estoy llamado a una misión: dar sin esperar nada a cambio.

Una frase que siempre me ha marcado es aquella que pronunció en la cruz:

—Padre, perdónalos, porque no saben lo que hacen.

Esa oración me hace reflexionar. Muchas veces no sabemos lo que hacemos; nos dañamos buscando aceptación o anestesiando nuestro dolor. Dejamos pasar lo bueno sin darnos cuenta.

Pero hoy puede ser distinto. Hoy es una oportunidad para rescatar lo valioso de la vida y vivir tiempos de triunfo.

Decidí seguir a Jesús dejando atrás toda adicción y malos hábitos, entendiendo que ese era el único camino hacia la verdadera libertad. Lucho por un mejor mañana, llevando mis propósitos a la acción.

Comprendí que no somos víctimas ni marionetas, sino responsables y conductores de nuestro propio destino.

La persona que fui en la adicción ya no existe. Hoy vivo las consecuencias de haber decidido cambiar. Este soy yo ahora: un hombre nuevo, buscando siempre un mejor mañana.

El liderazgo no es imponer el camino, sino vivirlo primero y señalar, con el ejemplo, la ruta hacia la verdadera libertad.

Las ruinas de la adicción

Estando en un grupo de ayuda, ya por la tarde, comenzamos a reflexionar. Era un espacio de silencio compartido, donde poco a poco íbamos liberándonos de las ruinas que había dejado nuestro pasado. Mientras escuchaba a los demás, mi mente comenzó a viajar hacia atrás, atravesando recuerdos, hasta regresar al pueblo donde nací: San Juan Nuevo, Michoacán, México.

Era el 12 de mayo de 1944 cuando un pueblo entero, aferrado a su tierra, tuvo que abandonarlo todo. Sus vidas, sus historias y sus sueños quedaron enterrados bajo las ruinas provocadas por un volcán. Un desastre que no dio aviso ni tregua. ¡Pobre gente tan querida, todo lo perdió! Qué dolor tan grande debió haber sido dejar su terruño amado: ancianos, mujeres, hombres, jóvenes y niños obligados a marcharse, cargando solo lo que podían, dejando atrás lo que amaban.

Treinta y nueve años después nací yo, en un pequeño pueblo llamado San Juan Nuevo, consecuencia directa de aquel antiguo poblado evacuado tiempo atrás. Ahí viví la mejor niñez que pude haber tenido, en ese terruño querido donde quedó marcada mi infancia. Era un lugar reconstruido, levantado sobre la pérdida, pero lleno de vida, de comunidad y de raíces profundas.

Hoy, viviendo en Oregón, solo puedo reconstruir en mi memoria otras ruinas: las que dejó la furia de una adicción. Ruinas no de piedra ni de lava, sino del alma. Consecuencia de mi necedad, de mis decisiones y de mi incapacidad para adaptarme a una cultura que no era la mía, pero en la que la vida me obligó a permanecer. Así como aquel pueblo fue sepultado por el volcán, yo también fui cubriéndome poco a poco, hasta quedarme enterrado bajo mis propios excesos.

La pobreza me llevó a emigrar, y mi terquedad me condujo a la destrucción de mi propia dignidad. En ese camino me entregué al alcohol y a las drogas, perdiendo muchos años de mi vida. A cambio quedaron experiencias, algunas buenas y muchas dolorosas, que estuvieron a punto de llevarme a la muerte. Gracias a Dios sigo vivo, y hoy camino dentro de un proceso real de transformación, de cambio y de mejora constante.

Hoy soy un hombre distinto. Una persona mejor de lo que alguna vez imaginé llegar a ser. Ni siquiera mis ancestros, con todas sus luchas y sacrificios, lograron evitar sus propias caídas. Pero yo tomé una decisión diferente: levantarme y continuar. Crear una nueva historia. Abrir una nueva rama en el árbol de mi vida.

Ni la enfermedad, ni la emigración, ni el alcohol, ni las drogas, ni las personas lograron derrotarme. Aquí sigo. Vivo en sobriedad, con amor y con conocimiento, luchando día a día por ser mejor y por cumplir mi misión en esta vida. Y aunque el mundo me dé limones, yo los convierto en jugo de vida, transmitiendo el mensaje de que lo mejor que puedo hacer hoy es esto: vivir plenamente.

Con una sonrisa aprendí a enfrentar los obstáculos. Aún vivo sobre los escombros de la adicción, consciente de que, aunque no logró destruirme por completo, sí dejó cicatrices profundas. Las cargo conmigo, no como condena, sino como recordatorio. Cada día le pido a Dios que me guíe y me conceda la voluntad de vivir, aunque sea solo por hoy.

Los escombros de ese pasado fueron muchos: enfermedades, pérdida de confianza, dignidad rota, egoísmo y principios quebrantados. Me degradé tanto que llegué a rozar la muerte. Estuve casi muerto, intentando acabar con mi propia vida. Y aun así, aquí estoy. Vivo. Con la certeza de que sobreviví por una razón: para contar mi historia.

Fui abusado en muchos sentidos. Lleno de resentimiento, tirado en la calle como una lata vacía, esperando a que cualquiera me pateara, sintiéndome sin valor alguno. Pero hoy lo sé con claridad: sí valgo, y valgo mucho. Y tú también vales. Mereces respeto y mereces amor.

No dejes que las ruinas te entierren. Deja que te impulsen a reconstruir tu vida. Saca fuerzas de entre los escombros y serás libre, porque el amor de Dios es infinito.

El verdadero triunfo no consiste en llegar alto, sino en mantenerse ahí. No es derrota caer; es una oportunidad para intentarlo de nuevo. El triunfo pertenece a quienes, después de mil batallas, siguen luchando hasta alcanzarlo.

Toda esta reflexión me llevó a recordar un día en medio de un partido de voleibol con los compañeros del programa. Estábamos jugando, riendo, empujándonos unos a otros con bromas. Elías, uno de los empleados, me decía en tono burlón:

—¿Para qué te pones al frente, si ni Arturo, que era bueno, pudo taparle las clavadas al grande?

Entre el juego y las risas, alguien gritó:

—¡Ya se enojó!

Pero dentro de mí pasó algo distinto. En medio de ese ruido, sentí un silencio suave, casi imperceptible, como el viento antes de cambiar de dirección. Inspirado por ese momento, respondí en inglés, sin pensarlo demasiado:

—*When you don't expect anything is when you can get everything. If I don't try, I would never know.*

Dar un pasito te permite dar el siguiente. Y así, paso a paso, es como lo estamos haciendo. De esa manera se construyen las cosas en la vida, intentando aun cuando no hay garantías.

Volví a intentar tapar la bola a Chiquilín, pero no lo logré. Ese grandulón frente a mí me intimidó y me eché un poco hacia atrás, mientras Elías se reía junto con los demás. Perdimos el partido, sí, pero hubo algo que nunca perdí: las ganas de seguir jugando.

Y entendí que, muchas veces, eso también es ganar.

El sentir dolor es la esperanza de vivir

Hoy como todos los días, me levanté a las seis de la mañana, fui al baño, me pesé y me alisté para comenzar la jornada. Mi compañero de cuarto aún dormía, así que salí sin hacer ruido, saludando a la cocinera y al cuidador de turno. Todo transcurría con normalidad dentro de mi rutina diaria: tomé mis medicamentos, me medí la presión arterial y la temperatura, y me preparé mentalmente para enfrentar el día.

—¿Cómo está, don Domingo? —le pregunté.

—Bien… pero no me quedo con una buena sensación. ¿Cómo está todo allá afuera con la pandemia?

—Pues, por lo que se escucha, cada vez peor —respondí—. Aún no se ve mejora.

—No —dijo con tristeza—, cada vez peor.

—Qué tristeza —agregué, mientras me preparaba para salir a correr.

Me dirigí al "Camino de Carlos", caminando alrededor de la casa, recordando cuántas veces terminé en el hospital y cuántas otras acompañé a mi amigo Juan, quien creía estar viviendo una sobredosis de drogas. Yo mismo, con mis problemas médicos, no quería derrumbarme nuevamente ante la droga. Aun así, durante mucho tiempo me creí capaz de enfrentarla, ignorando que mis enfermedades físicas y mentales atentaban seriamente contra mi vida.

Me tomó mucho tiempo entender que tenía un problema de tendencia adictiva y una enfermedad mental que alimentaba ese círculo de autodestrucción.

Seguí con mi rutina de ejercicio. Para ese día ya podía correr quince vueltas sin parar. Al terminar, me dirigí a la clase. Esa mañana compartía Elías, quien hablaba sobre la autoderrota: ese fondo de sufrimiento que obliga a tocar suelo para poder encontrar una verdadera sobriedad, un nuevo caminar, un cambio rotundo.

Ese es el verdadero cambio. Pero para lograrlo se debe sufrir, porque exige renunciar a aquello que más nos gusta hacer: cosas fáciles de adquirir, pero difíciles de dejar; hostiles, crueles, que nos atan y nos convierten en prisioneros de nosotros mismos. Nos encadenan con sus garras de desgracia: drogas, alcohol, tabaco, pornografía, juegos de azar… incluso el chisme cabe dentro de la adicción. Hoy en día, todo en exceso puede convertirse en una adicción fatal.

Cuando no se es capaz de aceptar o reconocer el verdadero origen del problema, es imposible alcanzar una recuperación real. Sin identificar la raíz, no se logra una sobriedad ni un alivio verdadero, ni externo ni interno. En muchos casos, la enfermedad mental alimenta ese autoengaño.

No es posible avanzar hasta que uno se harta, se cansa y se fastidia de ese círculo vicioso. Hasta que descubres que lo que hacías ya no te sacia, que esa ansiedad de consumir, de usar y abusar, solo te ata al sufrimiento. Esa voz interior te manipula, te castiga y te hace creer que lo necesitas para sobrevivir. Ya ni siquiera lo disfrutas; simplemente sobrevives. Y cuando te das cuenta de cuánto ha avanzado ese daño, muchas veces parece demasiado tarde, porque hay cosas que ya no se pueden reparar.

Sin embargo, es precisamente ahí cuando necesitas armarte de valor y de fuerza de voluntad para salir de ese hoyo, poco a poco. Es en ese sufrimiento, que nadie más sabe ni ve, donde decides si seguirás hundido o lucharás. El orgullo suele ser más grande que la voluntad, y eso impide pedir ayuda. Pero cuando finalmente das ese paso, comienza el verdadero cambio.

Al decidir abandonar esos viejos hábitos, descubres que lo mejor está por venir: un nuevo sol brillando sobre las esperanzas de tu alma. Al quitarte la venda de mentiras con la que tú mismo cubriste tu mirada, reconoces que lo que encontrarás primero es tristeza, dolor y heridas causadas por tu propio egoísmo.

Pero junto a ello también llega la ayuda: reconocer tus faltas, pedir perdón y aceptar el perdón de quien más te ama. Duele pedir ayuda a quien lastimaste. Duele aceptar el perdón de quien defraudaste. Duele llorar en silencio cuando ya no puedes pedir perdón a alguien que no está. Duele arrancar las cadenas que te ataban, pero ese dolor abre la puerta a la libertad.

Cuando creemos haberlo perdido todo, el dolor se convierte en el inicio de un nuevo vivir. Vive tus días y no te canses de intentar el cambio. Si caes, levántate; y si te levantas, esfuérzate por seguir adelante. Vive una vida llena de esperanza; deja que el amor te envuelva y avive en ti la fuerza para reconocer que aquello que antes te derribaba hoy se transforma en aprendizaje.

Hoy reconoces que tuviste que vivirlo para entender cuánto vales y que, gracias a ello, hoy eres quien eres. Te animo a vivir una vida de sobriedad. Acéptate.

¿Qué define a una persona?

¿Quién soy yo? ¿Para qué soy bueno? Mi mente se llenaba de preguntas, de pensamientos que no se detenían. Una de ellas regresaba una y otra vez, como un eco persistente: ¿quién soy yo? No sabía qué me pasaba ni por qué era así. No entendía lo que me sucedía. ¿Por qué actuaba de forma inconsciente, arrebatada, sin pensar?

Estaba sentado en el patio de enfrente, reflexionando sobre lo que sentía. Me preguntaba una y otra vez por qué me encontraba en ese estado. Escuchaba los carros pasar, el viento soplar suavemente, y dentro de mí solo resonaba una pregunta insistente: ¿qué pasa?

Mientras escribía, un compañero salió y me preguntó:

—¿Qué pasa? ¿Estás bien?

Le respondí que sí, aunque no estaba tan seguro. Él estaba contento porque acababa de llegar; llevaba apenas una semana en el famoso cuarto de "cuarentena".

Creo que lo que me pasaba era soledad. ¿Celos, tal vez? No, no creo que fuera eso. Había algo más profundo, más difícil de identificar. En medio de la conversación, él me hizo un comentario, repitiendo palabras que ya había escuchado antes. No venían de una sola persona, sino de muchas, y todas coincidían en lo mismo:

—¡Fíjate! Tú tienes un talento, pero *esta-lento*...

Pero yo estaba lento, disperso, intentando escribir y concentrarme sin lograrlo. Trataba de rendir en la clase, pero tampoco me era posible. Probé varios bolígrafos y todos fallaban, como si nada quisiera fluir. No entendía qué estaba pasando.

Algunos compañeros solo se reían. Parecía que notaban lo que yo estaba sintiendo, aunque yo mismo no lograba ponerlo en palabras. Más tarde llegó uno de los empleados y le pedí que platicáramos. Me propuso jugar una partida de dominó. Acepté y nos fuimos al salón de clases, buscando, sin saberlo del todo, un respiro para esa inquietud que no me dejaba en paz.

Más tarde regresé y ahí seguía "el nuevo". Poco después llegó otro compañero. Le pregunté si quería jugar, pero dijo que no. El nuevo y el otro se levantaron de la mesa; uno comenzó a enseñarle al otro a hacer la tarea. Yo me quedé jugando dominó con el consejero. Mientras movíamos las fichas, la conversación fluía sin prisa.

Le comenté que lo que me estaba sucediendo había ocurrido de golpe, en un instante. Me sentía abrumado por todo. Yo solo quería escribir, pero no podía; demasiados pensamientos y emociones pasaban al mismo tiempo, chocando entre sí, sin darme espacio para ordenar nada.

Yo suponía que el nuevo compañero, Rafael, sería mi "hermano pequeño", alguien a quien acompañar y guiar. Pero no fue así. A quien realmente le correspondía ese papel era a Shago, porque él había llegado antes que yo al programa y, como no sabía leer, yo asumía que me tocaría apoyarlo. Sin embargo, la vida me estaba dando otra lección, una que aún no terminaba de entender, pero que empezaba a mostrarse con claridad.

A quien se lo asignaron fue a Moisés, mi compañero de cuarto. Por un momento sentí que todo estaba en mi contra. La sensación fue inmediata, casi automática. Pude haberlo tomado de manera personal, pero algo dentro de mí me detuvo. Entendí que no se trataba de rechazo, sino de una enseñanza. Las cosas pasan como deben pasar: uno propone, pero Dios dispone.

Mientras jugábamos, le decía al consejero:

—¿Sabes? Cuando vivía mi época de asistente de gerente en una compañía de restaurantes, me llegaban muchas ofertas para ser gerente. Pero siempre me pasaba lo mismo. Hablaba de mis cosas, de mis proyectos, como diciendo: "Miren, miren, tengo una torta que me voy a comer".

Me detuve un momento y seguí, ya con más claridad:

—Luego me daba cuenta de que lo único que quería era presumir lo "chingón" que me sentía. Decía: "Tengo una torta, sí, me la voy a comer". Pero no me fijaba en los terrenos que pisaba. Siempre tropezaba… y la torta terminaba en el suelo. Mejor dicho: nunca probaba esa bendita torta.

La imagen era clara incluso para mí mismo.

—Cuando se come entre los pobres, no falta a quien se le antoje lo que comes —añadí—. Y si presumes y no compartes, no esperes que esa torta te pertenezca.

Al decirlo en voz alta entendí algo más profundo: no era mala suerte lo que me hacía caer una y otra vez, sino mi propia soberbia. Y esa, poco a poco, también tenía que aprender a soltarla.

Ahí entendí algo importante: aprender a cuidar lo que traes, lo que piensas, lo que comes y lo que anhelas. No hay que asumir antes de tiempo. Lo que es tuyo será tuyo, y lo que no, simplemente no lo será. No todo necesita anunciarse; no todo necesita mostrarse.

Si eres inteligente, si eres sabio, aprende a valorar lo que tienes. No hables de más, no despiertes en los demás el deseo por aquello que tú mismo aún estás construyendo. Hoy comprendo que hay cosas muy personales que deben guardarse en silencio para que puedan crecer y sostenerse con éxito.

Que no te arrebaten la torta, y agárrala fuerte si es tuya. Solo tú puedes controlarla. Tu persona, tus pensamientos, lo que es tuyo. Tus acciones, tus responsabilidades, tus adicciones y sus consecuencias solo tú puedes asumirlas, aceptarlas y admitirlas. Solo así se puede aspirar a un mejor vivir.

¿Cómo me siento ahora? Me siento bien. Muchas cosas buenas me están pasando. Mi día fue distinto, nada más. Hice quince vueltas en el Camino de Carlos, flexiones, medias flexiones, parada corta y trabajo en el tubo, entre otras cosas. El cuerpo respondió, y la mente también.

Los roces tanto con el compañero como con el recién llegado, Damián, se resolvieron, y seguimos adelante como buenos amigos. Durante el tiempo de recreo jugamos voleibol y ganamos todos los partidos. Saqué más de quince veces seguidas. Damián, el nuevo, estuvo renegando bastante; me recordó a mí mismo cuando llegué, con la misma actitud, la misma resistencia.

Después de la cena tuve mi llamada. Escuché muy contento a mi amiga. Me recordó que fue en un mes de diciembre cuando fuimos novios, y esa memoria me dejó una sonrisa tranquila.

Ya por la noche, diez minutos antes de cerrar el día, como de costumbre, me quedé en silencio. Reflexioné, respiré y agradecí. Por lo vivido, por lo aprendido y por seguir aquí, un día más.

Tomando sentido a mi vida

El proceso es el mismo en ambos sentidos: para entrar en la adicción y para salir de ella. El tiempo que te toma perderte es, en gran medida, el mismo que te tomará encontrarte. No hay atajos reales, aunque muchas veces quisiéramos creer que sí.

Pensemos, por ejemplo, en alguien que se interna en el centro de un bosque. El tiempo y la distancia que camina para adentrarse son los mismos que necesitará para hallar la salida. Y peor aún si, en el trayecto, se extravía entre veredas o caminos sin rumbo. Entonces el regreso no solo será largo, sino también confuso, lleno de dudas y cansancio. Salir costará lo mismo, o más, que perderse.

Aun si se utilizara un medio distinto al de entrada, el esfuerzo seguiría siendo considerable. Podrías entrar caminando y salir en carro, o entrar en carro y salir caminando, pero el punto no es ese. Lo importante es comprender que, en la adicción, no se puede salir de un instante a otro. No existe un botón que borre el camino recorrido.

Todo depende de qué tan profundo te hayas internado en la oscuridad de las drogas o de cualquier otra adicción. En cierto sentido, el mismo tiempo que te tomó perderte será el tiempo que te demandará salir. Y aceptar eso no es resignación, es conciencia.

Un ejemplo claro de esto lo entendí en una plática con mi *Big Bro*. Ahí, escuchando su historia, comencé a comprender que encontrar el sentido de la vida no es correr hacia adelante, sino tener la paciencia y la valentía de desandar el camino con los ojos abiertos.

—Cuando las cosas andaban mal en mi vida y con mi esposa —me dijo—, me vine a Oregón. Yo venía de California y trabajé en Mt. Hood limpiando locales: cocinas, oficinas, baños, de todo. Empecé a meter a trabajar a personas que estaban en la adicción. Para entonces ya era supervisor y me ascendieron.

Hizo una pausa breve antes de continuar, como si regresara a ese tiempo.

—Con el tiempo, la gente que contraté tomó demasiada confianza y fumaban en el trabajo. Muchas veces los descubrían y los corrían. Y así como avanzaba su adicción, avanzaba también la mía. Todo me valía.

Me contó que, cuando manejaba rumbo a casa o de casa al trabajo, se metía a callejones solo para fumar, escondiéndose, justificándose.

—Llegó el momento en que hasta mi esposa se dio cuenta. Se molestó y dejó de contestar las llamadas. Perdí el trabajo, mi dignidad, mi familia… todo.

Sus palabras se fueron apagando al final.

—Llegué a un punto en el que ya no me importaba nada ni nadie.

Al escucharlo entendí que la adicción no solo roba tiempo o dinero; va quitando, poco a poco, todo aquello que da sentido a la vida, hasta dejar a la persona vacía, sin rumbo, sin fuerzas.

Comencé a celebrar mi propia desgracia, alejándome cada vez más de mis amistades y de mi familia. Me refugiaba en el bosque para pensar en mi fracaso, porque sentía que lo había perdido todo. A veces invitaba a algunos amigos, pero eran amistades falsas, de esas que llaman tweekers[1]: drogadictos vividores. Mientras tuve dinero, festejaban conmigo. Cuando ya no tuve nada, me abandonaron. Nadie me contestaba. Ni mi esposa, ni mi familia.

Me negaron incluso hablar con mis padres y con mis hijas. Ese rechazo terminó de encerrarme. En ese aislamiento comencé a buscar alivio en el bosque, en las montañas, en medio de la nada. Pasaba horas solo, dentro de mi carro, con la mente completamente alterada por la droga y por mi enfermedad. El silencio del entorno contrastaba con el ruido que llevaba por dentro.

Fue entonces cuando comenzaron las voces. No eran reales, pero para mí lo parecían. Eran dos voces de mujeres que repetían una y otra vez:

—Pregúntale si se metió con alguien.

Yo lo negaba incluso dentro de mis propios pensamientos. No entendía por qué mi mente insistía en eso, si yo aún creía que ella me amaba. Mi cabeza giraba sin descanso alrededor de todo lo que había pasado con mi pareja, atrapada en recuerdos, suposiciones y culpas.

Las voces eran terribles. No me dejaban en paz. Un día fui a

---

1 *Término coloquial usado para referirse a personas con consumo problemático de drogas estimulantes, caracterizadas por comportamientos erráticos, dependencia extrema y relaciones basadas en el interés o el consumo.*

casa de un amigo y, al verme en ese estado, tan deteriorado, me dijo con preocupación:

—Acuéstate ahí en la cama.

Él me hacía preguntas en voz alta, y yo le respondía desde mis pensamientos, como si no existiera diferencia entre lo que estaba en mi cabeza y la realidad. A partir de ese momento, las voces se volvieron más constantes y más intensas. Yo les puse nombre: Amelia y Otilia. En mi mente se burlaban de mí todo el tiempo, me provocaban, me debilitaban.

En medio de esos episodios, llegué a creer que veía gente afuera de mi carro, en pleno bosque. Les gritaba:

—¿Qué chingados quieren?

Pero nadie respondía. Todo ocurría dentro de mi percepción distorsionada: críticas, burlas, amenazas que solo existían en mi cabeza, pero que para mí eran completamente reales.

Un día, completamente drogado y fuera de la realidad, creí ver a Amelia subir a un carro blanco.

—¡Amelia, cabrona, ya te vi! —grité.

Convencido de que era real, me subí a mi carro y la seguí hasta Portland. En el centro la "perdí", pero mi mente, ya descompuesta, comenzó a asociar cualquier carro parecido. Seguí otro hasta Salem. Anduve manejando sin rumbo, completamente fuera de mí, sin distinguir entre lo real y lo imaginado.

El conductor del carro notó que lo seguía y se metió en un callejón oscuro. Yo también entré a un estacionamiento cercano, aún sin comprender que todo lo que estaba viviendo era producto de la droga y de mi enfermedad.

De pronto comenzaron a llegar varios carros. Sentí miedo. Pensé:

—¿Qué chingados ando haciendo tan lejos de casa? Me puedo meter en problemas por nada.

Cuando noté que eran pandilleros y que algunos traían armas, reaccioné. En ese instante algo dentro de mí despertó. Decidí irme. Me alejé de ahí como pude. El susto fue tan fuerte que, por un momento, hasta lo drogado se me quitó.

Regresé manejando rumbo a Hood River. En el camino empecé a darme cuenta de mi realidad con una claridad dolorosa: no tenía dinero, casi no me quedaba gasolina y ya no tenía fuerzas. Sentía hambre, sed, vergüenza, coraje y un dolor profundo que no sabía cómo nombrar. La droga ya no me sabía a nada; ya no me daba alivio. Solo estaba ahí, sosteniéndome en el vacío.

Al pasar por un puente, el carro se quedó sin gasolina. En ese instante sentí que también se me había acabado todo. Me quedé detenido, cansado, derrotado, como si ese punto marcara el límite final. Entonces recordé que cerca vivía una amiga de mi mamá y decidí ir a buscarla. Era doña Gardenia. Parecía como si me estuviera esperando.

—Ay, muchacho —me dijo—, tú no eres así. Mira nomás qué desnutrido te ves. Pobre de tus padres, cuánto dolor les causas al verte de esta manera.

Con mucha vergüenza le pedí ayuda. Sin reproches, me llevó a comprar gasolina, me dejó de regreso en mi carro y me dio diez dólares para que comprara algo de comer. Pero aun en ese estado, tomé una mala decisión: en lugar de comida, compré cigarros. La adicción todavía mandaba.

Después llegué a casa de mis padres. Les entregué las llaves de mi troca y les juré que ya no me drogaría, que iba a rehabilitarme y que lucharía por rescatar a mi familia. No sabía cómo lo haría, pero por primera vez lo decía sin huir.

Y así fue. Su historia en la drogadicción culminó con su graduación. En sus ojos vi una mezcla de tristeza y alegría, pero también un brillo profundo de convicción. Había sobrevivido a la tempestad del bosque y, el día de su graduación, llevaba cincuenta libras más en su cuerpo, recuperando vida, fuerza y esperanza. Así comenzó una nueva etapa en su vida: la sobriedad.

Gracias, Chiquilín, por ser mi hermano grande en este proceso, por regalarnos tu historia y por brindarme tu ayuda incondicional. Que Dios bendiga a tu familia y te dé fuerza para sacar adelante a tus hijos, y que a tus padres puedas honrarlos con muchos días de sobriedad.

Que los días de vuelo en la adicción se queden enterrados en el bosque, junto con esas voces de Amelia y Otilia.

Ni modo… se te cayó el cantón.

Ánimo, hermano.

*Perderme en el bosque fue parte del camino;
encontrar la salida fue el acto más valiente de mi vida.*

A un paso de la libertad

•••

Faltaban solo unas pocas semanas para que me graduara del programa. Siete días. Después de todo lo que había pasado en mi vida, después de tantos años perdido en la adicción, tan cerca de cruzar la meta… algo ocurrió que casi me hizo perderlo todo.

Aquella mañana habíamos terminado la meditación. El salón estaba en silencio, un silencio profundo, de esos que se sienten en el pecho. Era como si cada uno estuviera tratando de escuchar su propia alma.

Fue entonces cuando Mallito levantó la mano. Nos sorprendió a todos. Mallito casi nunca hablaba. Siempre caminaba con el pecho inflado, con una actitud orgullosa, como si no necesitara a nadie. Su ego era tan grande que parecía una armadura que lo protegía de mostrar cualquier debilidad. Pero ese día algo en él se quebró.

Comenzó a contarnos sobre su vida con las drogas. Dijo que en aquel tiempo vivía con una tía a la que quería como si fuera su propia madre. Ella lo cuidaba, lo protegía y trataba de mantenerlo en el buen camino, aunque muchas veces él mismo se empeñaba en alejarse de él.

Una tarde fueron juntos a una gasolinera. Mallito estaba muy drogado ese día. Mientras su tía se bajó del carro para entrar a la tienda a comprar algo, él se quedó esperando dentro del vehículo. Pero algo comenzó a pasar dentro de su mente.

Dijo que de repente su realidad empezó a romperse. Los pensamientos comenzaron a mezclarse. Las ideas se volvieron oscuras y paranoicas. El mundo alrededor parecía cambiar de forma, como si todo estuviera conspirando contra él. Lo que para cualquier persona habría sido solo una parada rápida en una gasolinera, para él se convirtió en una tormenta dentro de su cabeza.

Entonces tomó el volante. Encendió el carro y se fue. Dejó a su tía atrás, dentro de la tienda, sin siquiera darse cuenta realmente de lo que estaba haciendo.

Manejaba sin rumbo. Horas y horas. Hasta llegar a Federal Way, cerca de Seattle.

—No sé cuánto manejé —dijo con la voz baja—, pero siento que no era yo… era como si otra persona estuviera dentro de mí… como si estuviera poseído.

El salón estaba completamente en silencio. Pero entonces dijo algo que nos rompió el corazón:

—¿Sabes qué fue lo que más me dolió?

En el carro también iba su perro, su compañero, su mascota. Casi al llegar a la ciudad chocó el carro. En el accidente su perro murió.

Cuando lo dijo, su voz se quebró. Nos contó que tomó el cuerpo de su perrito en brazos y caminó sin rumbo por días enteros, perdido en su adicción, llorando por las calles, negándose a aceptar que su compañero había muerto.

Mientras hablaba, las lágrimas comenzaron a correr por su rostro.

—No quería creerlo —dijo—. No quería aceptar que ya no estaba.

Finalmente decidió enterrarlo en un terreno baldío, solo. Después de eso, dijo que su vida cayó aún más profundo en el abismo. Para sobrevivir en las calles hizo cosas que nunca pensó que haría, hasta que un día su mente simplemente se rompió. Terminó en un hospital psiquiátrico.

También nos contó que tenía permiso de DACA, pero lo había perdido por todas las decisiones que tomó mientras estaba perdido en la adicción.

Luego dijo algo que me dejó pensando:

—Estoy aquí porque quiero graduarme… para poder enseñarle al juez que terminé el programa.

Lo dijo con un tono extraño, como si ese papel fuera lo único que realmente le importara.

Ese mismo día por la tarde yo estaba platicando con el Cuquis. De repente llegó Mallito y, según me contó el Cuquis después, empezó a insinuarse y a hacer comentarios inapropiados. Yo no me di cuenta completamente en ese momento, pero cuando el Cuquis me lo contó, algo dentro de mí se encendió.

Sentí un coraje profundo. Le dije que eso no estaba bien, que era acoso, que no podíamos permitirlo.

Al día siguiente estábamos en una clase con el director del programa. Estaban hablando sobre justicia social y derechos. Mientras escuchaba, sentía que algo hervía dentro de mí.

Entonces levanté la mano y hablé. Lo acusé frente a todos por lo que había pasado.

El director me pidió que lo acompañara a su oficina. Ahí le dije todo lo que pensaba. Le dije que lo que Mallito había hecho era acoso y que no estaba bien permitir ese tipo de comportamiento dentro del programa.

Pero con el tiempo entendí algo. Mi enojo no venía solo de ese momento. Venía de mucho más atrás: de todas las veces en mi vida en que había permitido abusos, humillaciones, atropellos contra mi persona. Ese día sentía que ya no estaba dispuesto a permitir uno más.

Le dije al director que si el programa no hacía algo, yo los demandaría. Él me miró con calma y dijo algo que me cayó como un balde de agua fría:

—Estás en tu derecho… pero si decides hacer eso tendrás que abandonar el programa.

Me levanté furioso.

—Entonces eso haré —le respondí.

Antes de salir me dijo:

—Te doy diez minutos para pensarlo.

Fui a mi cuarto y empecé a recoger mis cosas. Estaba dispuesto a irme, a dejar todo atrás, a tirar a la basura meses de trabajo, esfuerzo y recuperación… cuando faltaban solo unos días para graduarme.

Pero poco después llegó mi consejero. Me dijo que no tenía que irme, que habían decidido sacar a Mallito del programa. También me dijo que cuando hablaron con él, lo negó todo, incluso frente a otros compañeros que también habían decidido hablar y contar experiencias similares. Pero él siguió negándolo.

Mientras tanto, afuera el mundo estaba en caos. El COVID estaba en su punto más fuerte. Había rumores de redadas de migración en la ciudad. Mallito tendría que enfrentar la calle otra vez.

Con el tiempo, cuando reflexioné sobre todo lo que pasó, sentí algo inesperado: culpa. Tal vez había exagerado. Tal vez mi reacción había sido más grande que el momento. El drama había sido parte de mi vida por tanto tiempo que reaccionar con intensidad era casi automático.

Por un momento puse en peligro mi recuperación. Casi tiré a la basura todo lo que había logrado. Todo, cuando faltaba solo unas semanas para graduarme.

Ese día entendí algo muy importante en mi camino: que la recuperación no solo se trata de dejar las drogas, también se trata de aprender a dominar nuestras emociones, aprender a distinguir entre la justicia… y el ego.

Y entender que, a veces, justo cuando estamos más cerca de la libertad… también estamos más cerca de perderla.

Día siguiente de la despedida de Chiquilín

l único lugar donde se siente el verdadero poder es en la mente. Es ahí donde nacen los sueños. Lo que hago, lo que pienso y lo que decido es responsabilidad únicamente mía. Si no defiendo mis sueños, cualquier persona puede derrumbar mis pensamientos y llevarme a la derrota; y sin éxito, no podré lograr aquello que anhelo.

En ese gran centro donde surgen todas las ideas, solo hay algo que puede provocar el cambio: yo mismo. Todo acto humano es una clave que cumple un rol de navegante, guiando sueños y construyendo realidades.

La mente es el único lugar donde se edifican esos sueños tan preciados. El primer paso hacia el triunfo y el éxito es permitir que los sueños existan. Lo que marcará la diferencia en nuestras vidas, después de planearlos, es estar en paz con el pasado y con el presente para poder aspirar a un mejor futuro. Se trata de dejar atrás lo viejo y construir un presente renovado, siendo peregrinos de nuestros pensamientos y, sobre todo, guardianes permanentes de nuestros sueños. Lograr algo en la vida será siempre el fruto de lo que hayamos sembrado.

Por otra parte, existen las pesadillas: esos momentos en los que decaemos, en los que dejamos de avanzar y terminamos cargando el dolor de nuestros fracasos. Son heridas que nos marcan: la soledad, la falta de amor, la pérdida de confianza en nosotros mismos. Lo desconocido, lo oscuro, no puede ni debe tener más cabida en nuestra vida. Debemos caminar hacia nuestros sueños, hacerlos realidad, convencernos de que sí podemos, de que somos capaces de alcanzar nuestras metas, dejando a un lado todo aquello que nos lo impide. Soñar no cuesta nada, pero pensar es sembrar, y el pensamiento es la semilla de la acción.

Ese día, el Big Bro se despedía, pues al día siguiente partiría para emprender su vuelo, su nueva vida. Iba a poner en práctica sus nuevas alas, su nueva forma de vivir, con la frente en alto, con la fuerza dentro de sí y con el deseo firme de triunfar. Su consejero le dio una despedida sincera, con un fuerte abrazo mental, porque no podía abrazarlo físicamente debido a la pandemia y a los reglamentos del estado. Le dio su número y una sonrisa llena de orgullo. Mi gran Big Bro, el Chiquilín, recibió todo con gratitud.

Gracias, Bro, el más grande. Te lo mereces por el gran corazón que tienes. Disfruta de tu nueva vida, Big Bro.

Con alas rotas y el corazón herido

•••

Hoy me levanté a las 3:30 de la mañana. Fui al baño medio adormilado y pensé: *es demasiado temprano, voy a dormir otro rato*. Mientras regresaba a la cama, me dije que por la mañana hablaría con mi consejero sobre el comportamiento de un compañero. Sentía que aún tenía una buena oportunidad de cambiar, y no quería quedarme con eso guardado. Me acosté otra vez y me quedé dormido.

Pareció que solo habían pasado cinco minutos, pero en realidad fueron casi tres horas. Al despertar, me asomé por la ventana. Todo estaba oscuro, nublado, pesado, como si el día no tuviera prisa por comenzar. En voz baja dije:

—Diosito, me quieres mucho, ¿verdad? Se me hace que no quieres que salga a clases.

Sonreí para mí mismo y volví a acostarme un momento más, dejándome envolver por ese silencio espeso. Más tarde, cuando ya no pude seguir postergándolo, me levanté y salí afuera, llevando conmigo esa sensación extraña de cansancio, de reflexión y de algo que todavía no sabía nombrar.

En la sala, el empleado de turno veía la televisión junto con la cocinera. Las noticias no eran alentadoras: varias ciudades cercanas a Portland estaban en peligro por los incendios y el coronavirus seguía en aumento. Todo parecía frágil allá afuera. Decidí no salir al Camino de Carlos; había demasiado humo y sabía que sería peligroso para mi salud, sobre todo porque el año anterior había padecido neumonía. Por primera vez, no salir a correr no se sintió como rendirse, sino como cuidarme.

Platiqué un poco con los trabajadores y les compartí cómo me sentía. Les dije que me sentía como un personaje bíblico. Como Noé resguardado en el arca mientras afuera todo era caos; como Moisés cruzando el mar; como José en medio de la prueba; como Magdalena cuando Jesús la salvó de morir apedreada. Me sentía protegido. Después de haber sido rescatado de la adicción, de la depresión, de la oscuridad y de la enfermedad, esa mañana me invadía una paz profunda, como si Dios me tuviera guardado en esa casa, a salvo, esperando el momento correcto.

Me sentía como un producto del cielo, aún en proceso de preparación, siendo moldeado para una nueva vida, para cumplir una misión. Un día había decidido ser un instrumento de Dios, y esa decisión seguía viva en mí. Al mismo tiempo, sentía ansiedad: tenía cita con el cardiólogo y esperaba, con fe y temor, ver reflejada en los resultados la mejoría de mi salud.

Durante la meditación de la mañana volví a pensar en la historia del águila. Al mirarme en el espejo esa madrugada noté que estaba más delgado. Había perdido muchas libras desde que llegué a esa casa. Para mí no era casualidad, era una señal. Las viejas plumas habían caído y nuevas comenzaban a crecer; mis garras antiguas se desprendían y otras se estaban formando; sentía nuevas fuerzas naciendo desde dentro. Incluso mi pico, simbólicamente, ya no era el mismo.

Esa sensación de transformación, tan real y tan profunda, me llevó de regreso a mis primeros traumas, como si para seguir avanzando tuviera que mirar, una vez más, de dónde venía.

El intrépido de la vida

L a transformación que sentía en su cuerpo esa mañana lo llevó, casi sin pedir permiso, a sus primeros recuerdos. A los orígenes de un dolor que durante muchos años cargó sin comprender del todo, como una sombra silenciosa que lo acompañó desde el inicio.

Había nacido con doble nacionalidad, y era comprensible que su infancia estuviera marcada por la violencia doméstica en el pueblo donde nació, en Honduras, llamado Río Tinto. Vivían bajo un cielo que parecía anunciar tormentas constantes. No solo tormentas del clima, sino tormentas dentro de la casa. Era una doble tempestad permanente: por un lado, una madre humilde y trabajadora, llena de esfuerzo y amor; por el otro, un padre alcohólico y abusivo. Esa combinación convirtió su hogar en un lugar de miedo continuo, donde la calma nunca estaba garantizada.

Eran nueve hermanos. Aún podía ver con claridad a su madre corriendo desesperada, llorando, con el terror reflejado en el rostro. Llevaba a Pedrito en brazos, apretándolo contra su pecho, mientras los demás iban tomados de su mano, siguiéndola sin cuestionar nada, solo obedeciendo al instinto de sobrevivir. Corrían hasta la casa de su abuela. No corrían por juego ni por travesura; corrían por necesidad. Sabían que, si el tormento de su padre los alcanzaba, vendrían los golpes, el dolor y esas marcas invisibles que se quedan grabadas para siempre en la memoria.

Ese fue uno de sus primeros aprendizajes de vida: correr para salvarse, huir para seguir existiendo. Y sin saberlo, ese impulso lo acompañaría durante muchos años, hasta que la vida misma lo obligó a detenerse y mirar de frente aquello de lo que siempre había estado escapando.

Su padre, intoxicado por el alcohol, corría tras ellos como un huracán, descargando su furia sin medir consecuencias. Más de una vez los persiguió con un machete en la mano, dispuesto a acabar con sus cortas vidas. Corrían descalzos entre charcos y calles de tierra, con el estómago vacío y el cuerpo temblando de frío. Parecía que hasta el cielo lloraba con ellos, como si compartiera su pobreza y su miedo.

En medio del pánico, una voz ajena gritó desde alguna casa vecina:

—¡Miren, corran y métanse pa' dentro, que ese viejo pelón los va a matar a todos los niños!

Entraron como pudieron a la casa de su abuela. En el intento, una de sus hermanitas tropezó y se abrió gravemente la rodilla. La sangre corría mientras los golpes en la puerta retumbaban, acompañados de gritos y amenazas. Aquella escena no fue un hecho aislado; se repetía con una frecuencia dolorosa. Los abusos contra su madre eran constantes. Su hogar olía a sufrimiento. El miedo era el pan de cada día.

Él soñaba con cosas simples, casi invisibles para otros: que le celebraran un cumpleaños, que su padre llegara con algo de comida, aunque fuera un pedazo de pan. Soñaba con una familia normal, como la del vecino que regresaba del trabajo y abrazaba a sus hijos al caer la tarde. Pero esos sueños nunca se cumplieron. Creció aprendiendo a vivir a la defensiva, siempre alerta, con el cuerpo tenso y el corazón acelerado, esperando el siguiente estallido de violencia. Esa forma de vivir se le quedó tatuada en el alma.

Con el tiempo, la situación empeoró. Un día, su padre lo corrió de la casa. Sus palabras aún resonaban en su memoria, claras y duras:

—Vete, lárgate, no te quiero ver en mi casa. Tú no cabes más aquí.

Se sintió como un perro pateado, echado a la calle sin explicación ni consuelo. Agarró una bolsa con algo de ropa, lo poco que tenía. Era un sábado, como a las seis de la tarde, en un otoño parecido a ese. Las hojas caían de los árboles; había sol y viento, pero por dentro todo se le desmoronaba. No tenía escuela, no sabía leer ni escribir, y lo poco que le ofrecían ese día también se lo quitaban. Ahí, parado con una bolsa en la mano y el corazón roto, sintió por primera vez lo que era estar solo en el mundo.

Mientras caminaba, un aroma fuerte a espigas doradas se mezclaba con el viento, suave como hierba mojada. Ese olor se le quedó grabado, como una despedida silenciosa. Sintió que era tiempo de partir hacia un mundo distinto, hacia un gran viaje sin tiempo. Sin saberlo, estaba comenzando una guerra larga, una en la que su enemigo no era el camino ni la noche, sino él mismo.

Caminaba descalzo, luchando contra sus recuerdos, contra el miedo y la incertidumbre. El canto de los grillos lo acompañaba, entonando melodías en la noche, como si el monte quisiera arrullarlo en medio del abandono.

Al caer la noche comenzó una tormenta. Caminó empapado, con la ropa pegada al cuerpo, entre víboras que se deslizaban silenciosas. Su único consuelo era el murmullo del monte y el canto constante de los grillos. No alcanzó a llegar a la frontera de Guatemala y decidió dormir donde pudo, entregado al cansancio. El suelo frío fue su cama y el cielo su techo.

Al amanecer, los rayos del sol lo despertaron. Tenía que seguir. Sabía que debía cruzar el río Motagua para llegar a Inca, un pueblo de Guatemala cuyo nombre significa "origen de un río". Cruzó el río con los pies llagados y el estómago vacío, sintiendo el agua como un filo frío sobre las heridas, pero también como un paso necesario hacia adelante.

Era un niño de catorce años, con hambre, frío y el cuerpo marcado, pero con un deseo profundo de llegar a algún lugar, aunque no supiera exactamente a dónde. Pensaba en la inocencia de su vida, en todo lo que había dejado atrás sin entenderlo del todo. Mucha gente cruzaba con él; caminaban juntos por momentos, pero no todos corrían la misma suerte. Muchos quedaron en el camino, y esa realidad comenzó a enseñarle, demasiado pronto, que sobrevivir no siempre es cuestión de fuerza, sino de resistir un paso más.

De río en río y de frontera en frontera, cruzó Guatemala, Belice y México, hasta llegar a Chiapas y subir a *La Bestia*[1]. De tren en tren atravesó gran parte del país, aferrado al metal, al miedo

____

1   *Nombre popular de los trenes de carga que recorren México y que son utilizados por migrantes para desplazarse hacia el norte; un trayecto extremadamente peligroso, marcado por accidentes, violencia y muerte.*

y a la esperanza. En Puebla, la migra los corrió. Una señora de buen corazón le permitió esconderse. En el intento casi se cayó y se rompió un pie; ese dolor lo llevó de golpe al recuerdo de su hermana cuando también se rompió el suyo. Aquella mujer le dio un lonchecito y ropa limpia. Eso era todo lo que tenía en la vida. Y aun así, parecía suficiente para seguir.

Siguió su trayecto: Jalisco, Nayarit, Sinaloa, Durango, Zacatecas, Chihuahua. Cruzó montañas y ríos, dejando su tierra atrás, atravesando América entera como quien se va despojando de sí mismo en cada paso. Más allá del horizonte encontró un nuevo destino que, tristemente, se oscureció con las drogas. Buscaba un sueño y una libertad que no encontró, porque estaba mirando hacia afuera lo que necesitaba sanar por dentro.

En su memoria cargaba a dos personas que nunca se fueron de él: Salvador, que murió bajo el tren, y Juanito, que quedó en el desierto cuando la migra lo levantó. Lo único que llevaba Juanito era un número de teléfono que su familia le había dado, como un último hilo de esperanza. Que Dios los tenga en su gloria. Fueron como dos ángeles que, a su manera, velaron su camino.

Hoy entendía que muchas de sus heridas comenzaron ahí, en ese andar sin rumbo fijo. No nació roto; se fue quebrando poco a poco, frontera tras frontera, pérdida tras pérdida. Durante mucho tiempo creyó que ese pasado lo había condenado. Hoy sabía que, aunque lo marcó, también le dio la fuerza necesaria para buscar algo distinto, para no rendirse del todo y seguir caminando, incluso cuando ya no sabía hacia dónde.

La caída

Miré a través de la ventana. El cielo se veía triste, demasiado gris, como cuando está a punto de caer nieve. Pero al observar con más atención entendí que esa oscuridad no venía del clima, sino del humo provocado por los incendios que azotaban al estado de Oregón. Aquel paisaje pesado, denso, me llevó de inmediato a recordar un día que fue como una pesadilla, un momento que marcó mi caída.

Fue un enero invernal. Vivía en Vancouver junto con Thie Mayá. En ese tiempo trabajaba en dos empleos. Aquel día parecía regular, como tantos otros, aunque en el fondo no lo era. Iba a nevar. El ambiente estaba frío, silencioso, cargado de algo que no sabía nombrar.

Como siempre, me levanté y le dije a mi novia que después del trabajo regresaría a casa. Lo dijimos casi en automático, como una promesa cotidiana. Estuvimos de acuerdo. Nada parecía fuera de lugar.

Me fui al trabajo, pero cuando estaba a punto de abrir la puerta del apartamento, ella se levantó de repente y corrió hacia mí.

—¡Ey, no te vayas a trabajar, mejor quédate! —me dijo.

Insistió más de dos veces. Su voz tenía algo distinto, una urgencia que en ese momento no supe leer. Yo le respondí que tenía que ir a trabajar, que regresaría más tarde. Abrí la puerta y salí. El día estaba muy frío y triste, como si el clima supiera lo que estaba por suceder, como si la soledad estuviera preparándose para alcanzarme.

Al regresar del trabajo, como lo había planeado, salí más temprano de lo habitual. Iba contento. Llevaba un ramo de flores en la mano, imaginando su sonrisa al verme llegar. Pero al abrir la puerta del departamento, me llevé un golpe seco, uno que no hace ruido pero quiebra por dentro: todos los rincones estaban vacíos. No había ropa. No había objetos. No había rastro de ella.

La ausencia llenó el espacio de un frío profundo. Se había marchado.

Sentí que las alas de mi alma habían sido desgarradas.

A partir de ese momento, el silencio y la depresión se volvieron más intensos. Me sentía muerto en vida, caminando sin rumbo dentro de mí mismo. La noche anterior habíamos discutido. Hasta el día de hoy creo que ella había abortado un hijo que pensábamos que estaba esperando. Ella decía que había ido al hospital por otra razón, pero yo no le creí. En mi mente, esa idea se volvió una herida abierta.

La discusión había sido fuerte. Ella se encerró en el baño y comenzó a lastimarse con ligas en las manos. Yo entré a la fuerza, porque sabía que se estaba haciendo daño.

—Déjame tranquila —me decía.

—Ya no más, deja de lastimarte —le respondí, mientras le quitaba las ligas.

Desesperada, fue al cuarto a buscar más, pero no encontró. La tomé de la cintura y le dije al oído:

—¡Basta! Relájate.

—Necesito una liga —contestó.

Tomó una y, al ver que no podía hacer nada, desesperada y enojada, aventó las ligas al suelo. La abracé. Le di masajes en el cuello hasta que poco a poco se tranquilizó. Después nos acostamos, agotados, como si el cuerpo se rindiera antes que el dolor.

Más tarde, algo dije que la molestó y volvió a levantarse, completamente alterada. Yo también me llené de coraje. En medio de la frustración, sentí ganas de darle unas cachetadas para que reaccionara, pero me detuve. Me alejé. Me fui a la cocina y comencé a golpear la pared, descargando ahí todo lo que no sabía cómo manejar.

Cuando volteé hacia la recámara y la vi tan frágil, regresé. La atendí, la abracé, la calmé. Volvimos a acostarnos, como si el cansancio fuera la única tregua posible.

A partir de ahí, por mucho tiempo viví con una sonrisa aparente. Pero cuando ella se marchaba, me acusaba de haberla abusado por haber tenido relaciones en ese estado emocional. Yo sentía que se aprovechaba de la situación, pero al mismo tiempo entendía que no era así del todo. El cariño y el amor que le tenía eran sinceros, aunque profundamente dañados.

Ella cargaba con traumas muy fuertes desde su infancia. Su madre le repetía una frase que la había marcado para siempre:

"De no ser porque fuimos por ti a Japón para adoptarte, hoy fueras una prostituta drogadicta, una pordiosera o simplemente estarías viviendo en la calle. ¡Tal vez muerta!"

Esa frase la había herido en lo más profundo.

Cuando ella se fue, comencé a escribir esa soledad. Perdido, triste, me convertí en una no-persona. Alguien que ya no distinguía entre el bien y el mal, entre el blanco y el rojo, el negro o el azul, entre la noche y el día, entre el amor y el dolor.

Viví como un muerto en vida durante mucho tiempo. Hasta el día en que llegué a este programa, con pocas fuerzas y pocas ganas de vivir, herido del alma y del corazón.

Aquel frío recuerdo

Era una mañana triste de invierno. El cielo estaba gris, pesado. La brisa helada tocaba mi rostro y mis lágrimas se congelaban, porque no podía llorar. Tenía los sentimientos destrozados, tirados en el suelo. Estaba perdido en mi soledad. De pronto comenzó a nevar, y aquella tormenta cruel parecía rasgar mi alma y partir mi corazón, como cuando una barra de hielo se estrella contra el suelo. Así lo sentía.

Esa mañana morían mis sueños, mis ilusiones, mis anhelos. No podía ver más allá de mi propia oscuridad, esa en la que me hundía lentamente. Mi amada se había ido. Se marchó sin decir adiós. Para cuando llegué a casa, ella ya estaba lejos y el departamento estaba completamente desolado.

No quise llamarla ni buscarla. Permití que el invierno me congelara por completo, que enfriara mis sentimientos, porque creí haber perdido hasta la esperanza, como si se hubiera fundido entre la nieve. Yo decía que la amaba, que por ella todo daba, pero en ese momento no fue así… no lo fue. Mi hogar estaba vacío, frío, triste.

Refugié mis trastornos, mis ilusiones rotas y mi dolor en los vicios. Anestesié el sufrimiento a toda costa, intentando huir de mi realidad. Me mentía a mí mismo, diciéndome que la amaba, cuando ni siquiera tenía la voluntad de amarme a mí mismo. ¿Cómo iba a amar a alguien si yo mismo me estaba destruyendo? No había sol ni luna; todo era oscuridad. Me refugié en las tinieblas, apagando cualquier luz que aún quedara en mi hogar. Cerré los ojos y no quise ver más allá de mi propia miseria.

Pasaron los días y para mí todo era de noche. No distinguía entre el día y la madrugada. Iba del trabajo a la casa y de la casa al trabajo. Cerré las ventanas, corrí las cortinas, dejando que la oscuridad penetrara hasta el fondo de mi alma. No me di cuenta de que estaba cayendo en un abismo profundo. Todo lo que había construido se perdió en un vacío.

Tiempo después decidí escribirle un mensaje:

"¿Dónde estás? ¿Por qué te fuiste sin decir nada? No puedo más con este infierno que estoy viviendo. Cerraré nuestro capítulo y comenzaré uno nuevo lejos de ti. Que te vaya bien, mi amada".

Al instante me llamó. Me dijo que estaba en un lugar seguro.

—¿Seguro de qué? —le pregunté.

—Segura y salva de ti —respondió.

Esas palabras me atravesaron el alma. Luego dijo algo que terminó de romperme:

—No debimos haber hecho el amor aquella noche. Me siento abusada. Después de la discusión yo no estaba en condición emocional para eso.

Esa acusación se quedó clavada en mí como una espina. Yo cargué con esa culpa durante años. Le respondí con la verdad que yo conocía:

—Siempre te dije que en esta casa no estabas bajo ningún compromiso. Que si no estabas segura, si no eras feliz, eras libre de salir por esa puerta. Pero también te dije que, si salías, esa puerta no volvería a abrirse.

Recuerdo que me respondió con una risa burlona:

—Sí, la puerta no se abre más. Me regreso por la ventana.

Yo le contesté, también con una risa amarga:

—Entonces me aseguraré de que esas ventanas también estén cerradas.

Después me preguntó si quería que regresara. Con la voz quebrada, desde lo más profundo de mi alma, le dije que no.

—Adiós, mi amada.

Colgué. Mi corazón quedó aún más herido. Solté el llanto y lloré como un niño. Lo último que yo quería era lastimarla, pero lo hacía. No sabía amar, porque no sabía amarme.

Aquella noche previa a su partida fue caótica. Discutimos fuerte. Ella estaba histérica, fuera de control. Yo no sabía cómo ayudarla. Dentro de mí sentí rabia y frustración. Por un instante, sentí ganas de darle unas cachetadas para que reaccionara, aunque jamás he sido capaz de golpear a una mujer, ni siquiera en defensa propia. Para no hacerle daño, me golpeé contra una pared. Ella se asustó. Reaccionó.

Después me acerqué, la abracé, la acaricié, le di masajes, intenté calmarla. Terminamos teniendo relaciones. Más tarde volvió a discutir. No recuerdo qué dije, pero la volvió a descontrolar. Esta vez reaccioné distinto: la abracé, la tranquilicé, y nuevamente terminamos haciendo el amor. Esa confusión, ese dolor, esa falta de límites claros, nos marcó a los dos.

Después de colgar la llamada, salí a la calle. No soportaba más la soledad ni la frialdad de la casa. Todo olía a ella. El clóset estaba vacío. Los espacios donde guardaba sus cosas ya no tenían nada. Caminé sin rumbo, con el frío del invierno calándome los huesos. Las calles estaban cubiertas de nieve y hielo. Me sentía muerto en vida.

A veces manejaba con un amigo que vagaba conmigo. Los estacionamientos parecían pistas de hielo. No necesitaba drogarme para sentirme perdido, aunque él fumaba y yo sentía los efectos como si fueran míos. Me engañaba a mí mismo, me autocompadecía. Si decía que la amaba, ¿por qué la ponía en riesgo? ¿Cómo se puede dar amor cuando no se tiene? Yo decía que la quería, pero me drogaba. Decía que la amaba, pero tomaba todos los días. ¿Cómo amar si no se respeta ni a uno mismo?

Seguí hundiéndome. Me volví frío, insensible. No distinguía lo bueno de lo malo. Me degradé cada vez más. Perdí trabajos. Vendí mis cosas. Casi perdí el carro. Me endeudé tanto que nadie me abría las puertas de su casa. Me alejé de Dios. Me hundí en la porquería, porque eso sentía que era. No me quería. No me respetaba. Me sentía como una lata tirada en la calle, esperando que cualquiera pasara y me pateara.

Fui abusado de muchas maneras y yo mismo me abusaba. Dormía en mi carro. Me enfermé. Perdí personas, familiares, amistades. Todo eso lo causé yo.

Con el corazón y las alas rotas, con un pueblo que abandoné y un amor que se fue, llegué finalmente a este programa. Ya no podía volar, ya no podía correr. Hoy, al mirar el camino afuera cubierto de humo por los incendios de Oregón, recuerdo mi pueblo enterrado por un volcán. Y entiendo que así como la tierra quedó sepultada, yo también quedé enterrado… esperando algún día volver a respirar.

Prudente, coherente y oportuno

Prudente, coherente y oportuno.

Muchas veces nos equivocamos al intentar ayudar a los demás. Cuando queremos dar un consejo o hacer una sugerencia, primero debemos asegurarnos de tener algo real que ofrecer. No se puede dar lo que no se tiene.

Es necesario trabajar en uno mismo antes de pretender ofrecer apoyo a otros. No se pueden dar peras si se han sembrado manzanas, ni ofrecer naranjas cuando lo que se cultivaron fueron elotes. Solo cuando hemos trabajado en nuestra propia vida y hemos desarrollado lo que queremos compartir es cuando verdaderamente podemos ofrecerlo.

En nuestra vida personal también hay algo fundamental que debemos tener en cuenta: ser prudentes, coherentes y oportunos. Saber cuándo, cómo, dónde y a quién dirigirnos; y, sobre todo, si esa persona está dispuesta a recibir una sugerencia, un consejo o una ayuda.

Hay personas a las que no les gustan los halagos o que prefieren que se les hable sin rodeos. Otras creen tener siempre la razón, aunque no la tengan, y pueden hacer daño sin darse cuenta.

Ser coherente implica actuar correctamente. Si vas a hablar, di cosas buenas, con sentido y sentido común. Sé honesto, no hipócrita. Habla con la verdad, porque la mentira siempre termina por descubrirse.

También es importante saber cuándo y a quién hablarle. Si alguien no está dispuesto a escuchar, estarás perdiendo tu tiempo. Y si interrumpe, está distraído o tiene prisa, tampoco escuchará; en ese caso, además de perder el tiempo, serás inoportuno.

Algo muy importante al ofrecer o brindar ayuda es cómo lo haces: cómo lo dices, cómo lo das. A veces, sin querer, podemos lastimar, ofender o herir a alguien en lugar de ayudarle.

Debemos tener presente que, si tenemos en abundancia, lo justo es compartir. Hay que dar de lo que se nos ha regalado. Y en este punto me surge una pregunta que considero fundamental: ¿De qué me sirve saber tanto si no lo comparto? ¿De qué me sirve tener tanto si no lo doy? Al final, no me llevaré nada, y todo aquello que no se comparte puede terminar siendo un desperdicio egoísta.

Si tienes la capacidad de hablar y la sabiduría para explicar, hazlo: ayuda, no te lo guardes. Y si tienes el deseo de hacerlo, aprende a hacerlo. Edúcate, prepárate, fórmate para poder ayudar mejor. Siempre encontrarás a alguien dispuesto a ayudarte y también a alguien que necesite de tu ayuda.

Recuerdo una experiencia de cuando trabajaba como asistente general. Había una mujer encargada del área de utilería y limpieza. Siempre que me veía, me transmitía una buena vibra que me hacía sonreír.

Un día le pregunté por qué cada vez que yo le sonreía, ella me respondía igual. Le agradecí por la energía tan positiva que me transmitía. Para mi sorpresa, me respondió que era yo quien le provocaba esa vibra y esa sonrisa. Me hizo sentir profundamente bien saber que hay personas a las que les agrada nuestra presencia.

Desde la creación misma, el universo nos ha dado la capacidad de sentirnos bien a través del conocimiento, el tiempo y la experiencia.

Sentirte único te ayuda a encontrarte con tu interior, a apasionarte por quien eres, por el sentido de tu existencia, valorando y agradeciendo cada día.

Mientras algunos luchan entre la vida y la muerte… ¿tú qué estás haciendo?

Buscando un refugio

Cuando la tarde moría y la noche comenzaba a acercarse, cuando la primavera y el verano se despedían, los campos reverdecían, llenos de color y de vida. Los ríos, suaves y claros, arrullaban con pasión, deslizándose junto a los árboles que los vientos entretejían en un vaivén constante. La naturaleza seguía su curso, indiferente al dolor humano, hermosa aun en medio del abandono.

Así transcurría la historia de un gran amigo llamado Facundo. Cansado y con sueño, sin un lugar fijo, sin un techo al cual regresar, caminaba entre los bosques por su propia decisión, por sus malditas ganas de andar drogado. Malditas drogas que le arrebataron la ilusión, las ganas, la alegría sencilla de vivir una vida con amor. Sin rumbo alguno, Facundo avanzaba sin tiempo y sin razón, dejando que los días se confundieran unos con otros.

Buscaba afuera algo que no existía. Perseguía un refugio falso, creyendo que en algún lugar externo encontraría paz, sin comprender que el único espacio seguro que podía habitar era él mismo: su propia casa. Pero huía de su persona, de su interior, negando sus capacidades empíricas, esas que había construido desde su propio ser y que alguna vez le dieron identidad.

La casa de la que hablaba no era un espacio físico ni cuatro paredes que lo resguardaran del frío. Era su cuerpo. La Biblia afirma que el cuerpo es templo y sagrario, y para Facundo el hogar era precisamente eso: su cuerpo, su casa. Un templo que había descuidado, abandonado y profanado, mientras seguía caminando sin darse cuenta de que, para encontrar refugio, primero debía atreverse a habitarse a sí mismo.

Caminó perdido entre sombras, hasta que entendió que el verdadero refugio no estaba en el camino...
sino en volver a Dios y a sí mismo.

El lugar donde había vivido se incendió como consecuencia del descuido provocado por el uso de drogas. La culpa por lo sucedido comenzó a consumirlo y ya no le permitía vivir en paz. En su interior sentía que también estaba siendo castigado: se percibía quemado por dentro, con el alma ardiendo, aferrado a la idea de que el cuerpo es un templo, y convencido de que había profanado el suyo.

Su propia conciencia lo devoraba. No quería ni acercarse a las tiendas; apenas comía una vez al día, como si el hambre fuera parte del castigo. Se declaró a sí mismo "un vagabundo", aceptando esa etiqueta como sentencia. Se escondía, se apartaba de la sociedad, pues alucinaba que lo perseguían o que alguien lo buscaba para hacerle daño. Vivía a la defensiva, incluso cuando estaba completamente solo.

Atormentado por sus culpas, creyendo que el mismo demonio lo seguía, caminaba en medio de la oscuridad. Desde el centro de Portland hasta la ciudad de Woodburn, porque su familia quería que se desintoxicara en un centro. Pero él no estaba listo. En su mente pensaba que aún tenía que hacer más daño, aunque ya había herido a muchos y, sobre todo, a sí mismo.

En ese lugar no lo aceptaron y su familia no fue por él. Pensaron que aún no había tocado fondo. Le dieron un número para llamar a otro sitio, pero nadie contestó. Desesperado, marcó a muchos amigos, uno tras otro, pero nadie quiso ayudarlo. Entonces decidió caminar, como si el movimiento fuera lo único que aún lo mantenía con vida.

Tomó el MAX y llegó a Clackamas. Luego subió a un autobús rumbo a Oregon City. Exhausto, se recostó en una banca, sin saber exactamente dónde estaba ni hacia dónde iba. De pronto, unas lechuzas volaron sobre él. El aire se volvió denso. Una voz susurró dentro de su mente:

—Te voy a arrastrar a la oscuridad, al río, y te voy a ahogar.

Era medianoche y el ambiente se tornó extraño. Sintió una presencia inquietante, como si algo invisible lo rodeara. En su percepción alterada, aquellas lechuzas parecían brujas realizando un rito, marcando su destino. Facundo temblaba, atrapado entre la culpa, el miedo y una mente que ya no distinguía entre la realidad y sus propios demonios.

El río corría con fuerza. La noche era oscura y fría, como si todo invitara al silencio y al repliegue. Al día siguiente salió el sol y el ambiente se volvió cálido, casi amable, pero en la mente de Facundo seguía la misma idea fija: sentía que todo lo que estaba viviendo estaba destinado a ser escrito en un libro, como si su historia tuviera que quedar registrada de alguna manera.

Recordó entonces a un anciano que alguna vez le había hablado, o eso creía, de forma telepática. Sus palabras regresaban con claridad inquietante:

—Eres muy especial; es como si Dios mismo te hablara a través de mí. Lee Isaías 45, versículos 2 y 3.

Aquello lo sorprendió. No tenía Biblia, no tenía nada. Solo la memoria y esa sensación de que había mensajes ocultos en todo lo que lo rodeaba. Caminando, descubrió que en ese parque había una oficina de forenses. En su percepción alterada concluyó que las malas vibras provenían de ese lugar, como si la muerte misma estuviera respirando cerca.

Siguió caminando. Encontró una caja para escribir. La levantó y la llevó consigo, sin saber muy bien por qué, como si fuera un objeto necesario para algo que aún no entendía. Avanzaba cantando rancheras en su mente, buscando consuelo en melodías conocidas.

El cansancio lo vencía, pero no podía dormir. El cuerpo pedía descanso, la mente no se lo permitía. Llegó hasta Oregon City, la ciudad donde había nacido su hijo. Un hijo al que nunca conoció, porque el Estado se lo quitó debido a su adicción al cristal. Ese pensamiento lo atravesó como un golpe silencioso.

Siguió el curso del río Willamette hasta llegar a un puente, convencido de que ese camino lo llevaría al centro de Oregon City. Eran cerca de las dos de la madrugada cuando se topó con un hombre y le preguntó si al otro lado estaba la ciudad.

El hombre le respondió que sí.

Facundo no dijo nada más. Simplemente continuó su camino, arrastrando el cuerpo, la culpa y la esperanza rota, sin saber que cada paso lo acercaba no solo a un lugar, sino a un límite que ya no podría seguir ignorando.

En el centro se topó con otras almas perdidas. Todo le parecía desconocido, ajeno, como una ciudad habitada por zombis que caminaban sin rumbo ni propósito. Las miradas vacías, los cuerpos cansados, el silencio cargado. Lo único que Facundo deseaba era volver a su casa, a su refugio, aunque ya no supiera con claridad dónde estaba ese lugar.

Frente a la corte vio a una mujer buscando entre los arbustos. Era hermosa, pero estaba claramente destruida por las drogas: la ropa sucia, el cabello descuidado, la mirada perdida, como si no estuviera del todo ahí. Facundo la observó por un momento y pensó: *tal vez ella busca la misma libertad que yo*. Sin decir mucho, le entregó su sudadera para que no tuviera frío. Luego se recostó cerca, abrazando su mochila, y se quedó dormido, rendido por el cansancio.

A la mañana siguiente, el sistema de riego lo despertó de golpe. El agua fría le devolvió la conciencia. Se levantó empapado y siguió caminando hasta el túnel de Oregon City. Eran alrededor de las cuatro de la mañana y el miedo comenzó a apoderarse de él, pues los autos pasaban a gran velocidad, rugiendo como bestias en la oscuridad.

En las paredes del túnel había grafitis. Figuras, palabras, símbolos que parecían reflejar almas perdidas como la suya. Facundo avanzaba despacio, sintiendo que aquel lugar era un espejo de su propio estado interior: oscuro, confuso, lleno de ecos de quienes habían pasado por ahí buscando salida y no la habían encontrado todavía.

Al salir del túnel, la aurora comenzaba a reflejarse sobre el agua. Facundo sintió, por un instante, la importancia espiritual que esas aguas habían tenido para los pueblos nativos, aunque ahora estuvieran contaminadas por la fábrica de reciclado cercana. Aun así, el amanecer conservaba algo sagrado. Reflexionó sobre la historia de esa tierra, sobre todo lo que había pasado antes de él y sobre cómo el tiempo lo devora todo. Luego continuó su camino hacia Canby, un lugar donde recordaba haber vivido un tiempo atrás.

Buscó ayuda, levantó la mano esperando un aventón, pero nadie se detuvo. Los carros pasaban sin mirarlo. Decidió entonces caminar hasta el río e intentar pescar, pensando que quizá así podría calmar el hambre. Pero la caña se atoró en su mochila y todo se volvió torpe. Siguió avanzando por las vías del tren y, de pronto, un convoy apareció a toda velocidad. El estruendo lo sacudió. Estuvo a punto de ser atropellado. Milagrosamente sobrevivió, con el corazón desbocado y el cuerpo temblando.

Poco después encontró una bicicleta costosa, abandonada. Miró alrededor, esperando que alguien la reclamara, pero no había nadie. La tomó como quien acepta una señal inesperada y se dirigió hacia Woodburn, la ciudad de los hispanos, buscando un rostro conocido, una palabra amiga.

Ahí localizó a un amigo. Le pidió un lugar donde descansar; estaba empapado por la lluvia, cansado hasta los huesos. Su amigo le prestó ropa seca y le dijo que podía dormir en el *garage*, en la cama del perro. Facundo no dudó. Exhausto, humillado pero agradecido, aceptó. En ese espacio pequeño y ajeno, con el cuerpo rendido, se recostó sabiendo que, por esa noche al menos, tenía un techo bajo el cual cerrar los ojos.

A la mañana siguiente, la madre de su amigo abrió la puerta automática de la cochera. La luz entró de golpe, sin aviso, y con ella una realidad que ya no podía evadirse.

—Levántate, no puedes estar aquí. Vete.

Facundo la miró, sin fuerzas para discutir. Solo respondió:

—Está bien, ya me voy. Gracias.

Tomó la bicicleta y se marchó. Avanzó sin rumbo fijo, con el corazón apretado, confundido y triste. En cada pedaleo sentía el peso de todo lo que había perdido. Sabía, con una claridad que dolía, que estaba tocando fondo. Ya no había excusas, ni lugares donde esconderse.

Entonces elevó una oración sencilla, nacida desde lo más hondo de su cansancio:

—Dios, ayúdame a encontrar un refugio. Transforma mi vida. Devuélveme la sobriedad y las ganas de volver a ser alguien.

No fue una oración elegante ni perfecta. Fue honesta. Y eso bastó.

Y Dios lo escuchó.

Encontró finalmente ese refugio, ese rincón de paz, ese pedazo de cielo donde pudo detenerse, respirar y compartir su historia. Un lugar donde ya no tuvo que huir de sí mismo, donde pudo empezar a reconstruirse desde la verdad.

Gracias, Facundo, por compartir tu camino. Que Dios te dé consuelo, que te regale fuerza y que te ayude a encontrar un suelo firme donde asientes tu vida. Que puedas reconstruir tu historia y, algún día, llamar a ese lugar hogar: el refugio de tu vida.

Símbolos de aprendizaje

Mistery es una muy buena amiga que llegó a mi vida a través de la amistad con mi compañero en el programa, Facundo. No llegó como llegan las personas importantes, con palabras o promesas, sino de una forma inesperada y casi absurda.

Mistery es nuestra peculiar mascota: una mosca.

Un día, mientras leíamos en el dormitorio, una mosca rondaba sin parar. Volaba cerca, regresaba, se posaba y volvía a irse. Yo, ya molesto por su insistencia, le dije a mi amigo:

—Voy a matarla.

Él me detuvo de inmediato, con una calma que me sorprendió:

—¿Seguro? No lo hagas.

—¿Por qué no? —pregunté, sin entender.

—Porque se llama Mistery —respondió.

Desde ese momento, algo cambió. Cada vez que esa mosca aparecía, cada vez que nos visitaba sin avisar, sabíamos que era Mistery. Ya no era solo un insecto; era una presencia conocida.

Para nosotros se volvió un símbolo. Representaba la distracción que molesta, que incomoda, que saca de quicio. Esa que aparece justo cuando intentas concentrarte, cuando quieres avanzar o estar en paz. Pero también nos enseñó algo más profundo: tolerancia. Aprender a no reaccionar de inmediato, a respirar, a aceptar que no todo está bajo nuestro control.

Mistery nos recordó que incluso lo pequeño, lo aparentemente insignificante, puede traer una lección si uno está dispuesto a observar en lugar de destruir.

Otro día, lleno de meditación, mientras corría, regresé sin darme cuenta a mi niñez. Volví a aquellos atardeceres de verano en mi tierra, cuando la lluvia llegaba sin avisar y empapaba los campos, dejándolos llenos de frescura y olor a tierra mojada. El cielo se oscurecía de repente y, aun así, nadie quería meterse a la casa.

Solíamos jugar al caer el sol con los muchachos del barrio. Éramos felices, inocentes, sin malicia alguna. No existían las preocupaciones, ni los miedos que más tarde aprenderíamos a cargar. Solo existía el momento.

Jugábamos pelota, boli, soccer, a la roña, a los encantados, al bate, a las canicas, a los tazos… juegos de la vieja escuela, de esos que no necesitaban nada más que ganas y tiempo. Las risas corrían más rápido que nosotros, y las voces de los niños llenaban las calles de esperanza, como si el mundo entero nos perteneciera por unas horas.

No faltaban los personajes pintorescos: la loca del barrio, que gritaba cosas incomprensibles, o el viejo gruñón que siempre nos robaba el balón cuando caía en su patio, obligándonos a dar por terminado el juego antes de tiempo.

Así terminaban aquellas tardes. Sin saber quién había ganado, sin importar el marcador, pero siempre con la promesa silenciosa de un nuevo día de diversión. Hoy entiendo que en esos recuerdos habita una parte de mí que nunca estuvo rota, una parte que todavía sabe reír, correr y soñar, y que, de alguna forma, sigue acompañándome en este camino de reconstrucción.

Entre esas figuras estaba la mujer loca del vecindario, a quien llamábamos Chucha Calistro. Ella misma se presentaba con distintos nombres: Gloria, Avigail, Manchuy… y nosotros, sin entender del todo su historia, solo le respondíamos:

—¡Sí, Chucha!

Su rostro reflejaba una profunda amargura, como si llevara años cargando un dolor que nunca pudo soltar. Decían que había tenido un novio que murió ahogado durante una competencia tradicional llamada *los curpites*. Estaban comprometidos, listos para casarse, y aquella muerte repentina la empujó a una tristeza tan grande que terminó por quebrarla. Desde entonces, se refugió en la locura, o tal vez la locura se refugió en ella.

Su belleza se fue apagando poco a poco. Alguna vez tuvo un cabello hermoso, largo y cuidado, pero con el tiempo lo descuidó hasta terminar cortándoselo sin forma ni medida. Sus ojos, más que locura, revelaban ausencia: la ausencia de ese amor que se perdió para siempre, de una vida que nunca llegó a cumplirse. Nunca llegó al altar. Nunca tuvo ese futuro que había imaginado.

De niños nos reíamos, sin comprender. Hoy, al recordarla, la miro con otros ojos. Entiendo que detrás de su comportamiento había una herida profunda, una historia de amor truncada y un corazón que no supo cómo volver a latir igual. Chucha Calistro no era solo la loca del barrio; era un recordatorio silencioso de cómo el dolor no atendido puede romper a una persona, y de cómo la vida, a veces, cambia para siempre en un solo instante.

Yo, por mi parte, seguía con mi rutina de ejercicio en el refugio. Entre sudores, respiraciones agitadas y pensamientos que iban y venían, un día descubrí una araña en la pared de mi cuarto. La observé por un momento. En otro tiempo la habría matado sin pensarlo, pero algo en mí se detuvo. Recordé lo que decían: que eliminar a las arañas traía mala suerte, porque al hacerlo se estaba sembrando muerte. No quise cargar con eso. Decidí dejarla vivir. Más aún, decidí adoptarla como mi nueva mascota. La llamé Avigail.

Ese pequeño gesto, aparentemente insignificante, marcó algo más grande en mí. Poco a poco fui dándole un sentido distinto a las pequeñas cosas: una mosca, una araña, los recuerdos del barrio, las historias de personajes olvidados. Todo comenzó a transformarse en símbolos. Símbolos de vida, de paciencia, de tolerancia y de resiliencia.

Entendí que no todo lo que incomoda debe eliminarse, que no todo lo que molesta es enemigo. A veces, lo que más nos irrita es justo lo que viene a enseñarnos algo. Así, sin darme cuenta, comencé a mirar el mundo con otros ojos.

Ahí empezó mi verdadero proceso de recuperación. No solo en dejar las drogas, sino en algo más profundo: reconocer mis caídas sin justificarme, enfrentar mi pasado sin huir, aceptar mi realidad sin vergüenza y aprender a valorar cada instante, por pequeño que fuera.

Mistery y Avigail son solo metáforas, pero representan mucho más. Representan todo aquello que, aunque parezca insignificante, molesto o absurdo, guarda una lección profunda cuando decidimos mirar más allá de lo superficial. Y en ese mirar distinto, en ese aprender a quedarme y observar, comencé, por fin, a sanar.

El fugitivo de la ley

●●●

Un día antes de mi partida, estando con Facundo, hacíamos collares y escuchábamos buenos corridos, con ganas de expresar unas palabras. Pero Douglas, estaba seriamente convencido de que aquí, en este bendito lugar, al igual que nosotros, encontraría la sobriedad. Su historia no era menos triste ni menos difícil que la nuestra.

Cuando él comenzó a platicarnos, dijo:

—¿Saben? Esta vez sí me voy a quedar.

—¿Por qué lo dices? —pregunté.

Douglas respondió:

—Pues esta es mi segunda vez en un lugar como este. Bueno, en este mismo, hace seis años. Yo estaba muy morro y solo tenía dieciséis años. Tenía una amiga muy bonita, bueno, mi novia. Yo era la persona que vendía drogas en la secundaria. Mi tía me las regalaba y yo las vendía a todos los chamacos[1].

Yo estaba bajo drogas: usaba oxys, molly, ácido; algunas veces marihuana, pero más ácido. Iba al cine, al río, a los hoteles. Me rentaban cuartos y hacíamos fiestas. Era un *party person*.

Mi amiga, bueno, mi novia, no le importaba, siempre y

---

1 *Término coloquial, usado principalmente en México, para referirse a niños o jóvenes.*

cuando yo le diera cerveza y drogas. Pero así como su mamá usaba, tampoco le importaba. Hacía lo que quería, hasta que un día me agarró la policía. Mi cuarto olía a marihuana. Mi mamá llamó a la policía y me cayeron en el clavo[2].

Facundo terminó el collar y se marchó al cuarto. Al rato, Homie contestó:

—Ok.

Seguimos conversando con Douglas, y él continuó:

—Yo era un buen niño hasta el sexto grado. Después de ahí empecé a hacer fiestas con amigos, en sus casas, o vivía hasta *homeless* y moraba en una casa así, como los grandes *party*. Pero cuando me agarraron gracias a mi mamá, tenía cuatro onzas de mota. Para mí era mucho. Me dieron una felonía y fui a la juvenil.

Estuve dos semanas y dos años en probación. Pero te digo: cuando me metieron al bote, yo no fui una chiva que no rajé[3]. Me preguntaron muchas cosas en un cuarto de la estación de policía. Les dije, espantado:

—¿Qué pasa? ¿Por qué tanto pedo?

Yo ni miedo tenía, pero cuando me tuvieron mucho tiempo, me puse a pensar si ocurría algo más que solamente mi detención.

Había una puerta que llevaba a una mesita y un cristal donde podía ver a mi familia. Yo pensé que algo había pasado con ellos porque me preguntaron muchas cosas que no tenían que ver con mi caso. Yo no sabía si estaba legal o no.

---

2 *Expresión coloquial que significa que alguien fue descubierto, atrapado o sorprendido en el momento preciso, generalmente al cometer algo indebido.*

3 *"Rajar" o "rajé en este caso" significa hablar, delatar a alguien o confesar un secreto o delito.*

Me pusieron orden de inmigración y me dijeron:

—Ya sabemos que tu madre cruzó el borde dos veces, y en una de ellas estabas tú.

Me iban a deportar y que, si en 48 horas no me levantaba inmigración, sería libre. Me vistieron de traje azul. Estuve dos semanas y me recogieron los de inmigración. Lloraba todos los días, hasta que llegó ese día en que podía hablar con mis padres. Sin embargo, me ignoraban.

Me dejaron solo en un cuarto.

En un papel visible que colocaron en la puerta decía que después de que cumpliera dos semanas, me levantarían los cargos. Y lo hicieron. Yo estaba contento, pensando que me soltarían. Pero me llevaron los de inmigración. Era un hombre y una mujer. Me amarraron de los pies y de las manos, me taparon la cara. Conté los minutos a oscuras. Después de cuarenta minutos escuché cómo una puerta se abría y me subieron en unas rejas donde tenían dos cuartos grandes.

La gente que ahí había me preguntaba:

—¿Qué haces aquí tan joven?

Unos sesenta o setenta hombres, todos con ropa de trabajo, y unos cholillos por ahí. Me dijeron:

—Estás bien.

Y yo no paraba de llorar.

Después de dos días me movieron a Tacoma, y después de cuatro días me llevaron a donde mi madre. Yo iba que apenas podía caminar, y mi mamá me dijo que si nos deportaban, lo harían a los dos.

Todo esto parecía demasiado castigo para lo que yo había

hecho. Esa no era la intención de mi madre, pero a mí solo me importaba mi sufrimiento. Lo único que quería era regresar a casa. Y cuando todo esto pasó, mi drogadicción, en lugar de mejorar, empeoró.

Quedé bien traumado y eso me hizo tener odio a la policía, era más rebelde y esa rebeldía se transmitió a la escuela. Estaba muy mal, ya no me importaba nada. Pero decidí regresar a la escuela y me sentía mal, solo, triste. Tenía coraje, rabia. Empecé a juntarme con los malos de la escuela. Fumaba tonaya[4]. Me junté con otro amigo que también estaba en probatoria. Fumaba y hacía desastre, no por adicción, sino por coraje, para no pensar en todo lo que me sucedió. Siempre evadía a la policía.

Duré como seis meses así, escondiéndome. Mi tía me ocultaba. Ella me usaba: todos los días le llevaba nueve morros a su casa. Por eso me necesitaba. Cuando se calentó ese terreno, me fui a otro lado y así se fueron pasando más días de drogadicción.

Después, adondequiera que iba, la policía me seguía. No por lo que vendía o consumía, sino por la probatoria. Ya estaba cansado. Me encontraba en la casa de un amigo y me arrestaron. Me dijeron que mi tía me echó de cabeza, la que según me ayudaba.

Por cinco días me llevaron a la cárcel de nuevo. Me calmé un poco y solo fumé mota. Varios años viví así, corriendo de la policía, por todo lo que creí que se me había hecho injustamente.

Recuerdo que un verano, mi madre me corrió de casa. Tenía solo once años cuando tuve que refugiarme en casa de mi abuelita. Y conocí en esos tiempos a mi novia, con la que tuve un

---

4 *Expresión coloquial que se usa para referirse a consumir alcohol (generalmente licor fuerte, como el tequila Tonayán) de manera frecuente o excesiva.*

hijo mucho después.

Mi amigo me invitó un día a fumar *wax* en su casa. Cuando, de repente, sacó un aluminio con una plumita. Eso no era *wax*[5]: lo que me daba era heroína. Me la fumé, me dio mucho asco; era otra cosa. Pasaron como dos semanas y le pregunté a mi primo si me daba más de ese *wax* que mi amigo me había dado. Ese día era el *baby shower*. Llegué tarde y el *party* ya se había acabado.

Yo estaba con sueño y me quedé dormido.

Douglas dijo que su primo esa noche le contó lo que había tomado. No era *wax*, era heroína. Comenzó a usarla durante veinte días consecutivos.

Después lo echaron a la cárcel por un mes. De ahí lo mandaron a una casa de adopción. No regresó a casa de su mamá. La mamá de su novia, cuando se dio cuenta, decidió adoptarlo, siendo que él era el padre y su hijo estaba por nacer.

Al nacer su hijo, parecía como que ya estaba encontrando su libertad, porque lo pusieron en un programa de un año. Si se mantenía limpio, le quitarían la probación. Su mamá y su hermano lo ayudaron a mentir en los exámenes de orina. Logró pasar un año "limpio", aparentemente, pero en realidad solo por ellos. Nunca dejó de usar.

Las drogas atrapan… y muy mal. En el pueblo donde estaba la escuela, asistía a una escuela para drogadictos. Lo de la heroína es muy fuerte. Pudo controlar el negocio y vivió muy bien por un tiempo. Nada le faltaba: carros, lujos, podía pagar, rentar su propio espacio, pagarle a la *babysitter*. Como si fuera un sueño americano, pero falso. Durante dos años estuvo bien. Era la única

---

5 *Concentrado de cannabis de alta potencia, con una textura cerosa, que se consume generalmente fumado o vaporizado.*

forma que podía hacer dinero: negocios negros.

Pero, de repente, su adicción llegó a otro nivel, a un descontrol. Hasta que su novia se molestó y se fue de la casa, puesto que se había convertido en un *trap house*: drogas, jeringas, gente drogada. Lo dejó solo.

Un día regresó y lo encontró peor. Lo vio y se fue. La dejó ir. Su libertad se desvaneció, se desmoronaba entre las manos.

La buscó, la hizo regresar y decidieron que él se iría de la casa. Eso lo afectó. En lugar de cambiar, siguió peor. Perdió todo lo que en verdad quería. Gracias a la heroína, perdió todo: familia, casa, todo. Ella se fue con su hijo.

Muchas veces volvió a la cárcel. Hoy solo tiene el recuerdo de que un día fue todo, y hoy no tiene nada. Está aquí, en este programa, y le pide a Dios que lo ayude a encontrar esa libertad que la adicción le ha robado con el tiempo.

"Hoy, sin tiempo, deseo mi libertad. No usar más esa droga que me causó tanto daño".

Un día, al levantarse, comenzó a tener mareos leves, pero los ignoró. Se fue a bañar y, de repente, continuaron los mareos. Al salir del baño chocaba con todos los obstáculos: paredes, mesas, puertas. Sentía que se iba a caer, que se desmayaría. Comenzó a vomitar como si expulsara los desechos de lo que quedaba en sus órganos. Por mucho rato vomitó agua amarilla.

Cuando todo empeoró, lo llevaron al hospital. Fue evidente que por casi veintinueve años vivió tocado, y al caer al hospital se dio cuenta de que necesitaba cambiar.

El estandarte de una bandera que, entre el viento, se estremece con libertad y un color efervescente; el sentir de la alegría se percibe. Así, de repente, ha caído esa estatura al suelo, y del cielo desciende una brisa de amor y esperanza.

Esa blancura simboliza la paz que Douglas, amigo, ánimo.

Gracias, Douglas. Tus palabras quedarán grabadas en este libro como un mensaje que, estoy seguro, ayudará a alguien.

Que Dios te bendiga y te cuide siempre.

La culpa

a culpa es de los demás. Siempre el pensamiento nos lleva a convertir la culpa en un resentimiento que crece más y más, hasta que se infla como un globo a punto de estallar. Entre más culpable me siento, peor me hace sentir, y nos roba el presente; nos arrastra de vuelta al pasado, nos atrapa y nos distrae de nuestra realidad. Nos hace perder el ahora, y no hay forma de remediar lo que ya pasó. El presente, en cambio, sí lo podemos mejorar.

Culparme no es bueno; sería mejor aceptarnos a nosotros mismos, procurando no cometer los mismos errores para no caer en la autocrítica. Reconocer que no fuimos nosotros los que cometimos el error en el pasado, sino que fue nuestra conducta la que nos llevó a sentir esa culpa, y no podemos castigarnos por ello eternamente.

Si constantemente nos culpamos, autoculparse se convierte en un error, porque en el fondo, como personas, somos buenas y hacemos cosas buenas. Hay que aceptar la conducta, analizar el error, corregirlo y pedir perdón si es necesario. Cuando reconocemos la culpa y admitimos la acción errónea, podemos identificar de quién es la responsabilidad y remediar el problema de inmediato.

Al solucionar el problema, nuestra mente descansa y la culpa se disipa. Cuando aceptamos nuestras culpas, reconocemos tanto nuestras malas como nuestras buenas conductas, nos hacemos responsables de nuestros actos y evitamos hacernos daño a nosotros mismos. Así, no hay espacio para resentimientos ni remordimientos que nos atormenten.

Cuando estamos dispuestos a hacer las cosas bien, a reparar lo que hemos roto, hay que celebrarlo. La honestidad merece un reconocimiento y es digna de nosotros. No podemos hacer nada por el pasado, ni culparnos ni vivir cargando con la culpa. Entender el mal que causa la culpa es reconocer que es una forma de deshonestidad, un camino equivocado. Mejor sería soltar el pasado, vivir el presente sin mentiras ni engaños hacia los demás.

Lo mejor es ser transparentes y sanos. Los demás pueden identificar fácilmente cuando nos culpamos; al final, la verdad siempre nos liberará de la mentira. La conciencia juega un papel importante en nuestra vida: al tomar conciencia de que no podemos vivir acumulando culpas ni victimizándonos más, evitamos que el resentimiento nos lleve a problemas más graves.

No vivas con la culpa; la culpa es tóxica.

Vive tu libertad sin excusas

El enojo es un sentimiento que nos hace ver amargados, como personas malas, negativas y despreciables. Pero también nos alerta de que algo anda mal, de que hay algo que no encaja. Nos impulsa a pensar cosas erróneas.

Debemos considerarnos privilegiados, porque podemos controlar el enojo. Podemos mantener el enfoque en lo que estamos haciendo y evitar perder el control de nosotros mismos, sin dejar que nuestra serenidad dependa de los demás.

Es esencial aprender que solo uno tiene control y poder sobre sí mismo. La persona, o el ser humano, que sufre una adicción padece un trastorno emocional. No debemos sentirnos lastimados, pero tristemente… nos gusta sufrir.

Mira, el enojo es feroz, tremendamente poderoso. Hay personas que, hasta la muerte, guardan rencor a quienes ya se han ido.

¡Déjalo ir! El muerto no puede tener poder sobre un vivo. No debemos permitir que eso suceda. Cuando evitamos que nos domine, es hora de tomar conciencia de lo que es bueno y de lo que es malo.

Al día tenemos más de sesenta mil pensamientos. En este

momento, mientras lees, posiblemente estás poniendo atención a estas palabras, pero también te llegan ideas, y más de una es negativa. Debemos analizarlas, observarlas y decidir si vale la pena darles poder.

El enojo crece en etapas. Comienza pequeñito, como una chispa, pero va creciendo, creciendo… hasta que estalla sobre nosotros. Es un impulsor que se nos sale de control si lo permitimos.

Nace cuando creemos que alguien nos dice algo dañino. Así como crece el enojo, desarrollamos una actitud hostil.

Si lo recordamos, desde niños manteníamos el enojo y lo usábamos a nuestro favor. A veces lo manipulábamos para conseguir lo que queríamos: hacíamos un berrinche para obtener eso que deseábamos o para evitar algo que no queríamos que nos hicieran. Tomábamos el control, el poder sobre los demás. Pero no queríamos que nada ni nadie nos controlara a nosotros. Creamos actitudes indiferentes hacia los otros, cuando lo único que buscábamos era conseguir lo que se nos antojaba. Y, de parte de los demás, lo único que lográbamos era desconfianza.

Necesitamos mirar dentro de nuestras conciencias y ser honestos con nosotros mismos. Tenemos que ser sinceros con lo que somos. Una vez que logremos cambiar ciertas actitudes, alcanzaremos el control sobre nosotros.

Si analizamos el enojo a profundidad, veremos que lo único que nos ha causado son problemas y dificultades. Lo que nos queda por hacer es dejar todo eso en el pasado y comprender que solo podemos tener control sobre nosotros mismos.

Perder el control es perder la cabeza. Dándole rienda suelta al enojo, nos dañamos. Evitemos poner excusas. Si quieres triunfar en la vida, no des pretextos. No inventes excusas. Sé honesto… y lo lograrás.

No al enojo. No a evadir responsabilidades. Toda excusa busca justificar una culpa. Siempre seremos criticados o juzgados por nuestras caídas o por nuestras prácticas, porque es más fácil hacerlo así. Buscar excusas significa que estamos estancados en el pasado. Al hacerlo, nos tropezamos, nos autosaboteamos al no reconocer el error en nuestro fracaso. Las excusas parecen una enfermedad que no nos permite avanzar, que nos atrapa y se convierte en nuestra compañera de vida, porque es más fácil culpar a los demás.

¿Qué mejor medicamento hay para eso que dejar de usarlo? Al soltar el enojo, significa que comenzamos a ser responsables de nosotros mismos.

Todos, de alguna forma, hemos culpado a alguien por nuestros fracasos. No podemos seguir así. Debemos ser íntegros. No elijamos ser irresponsables con nuestras actitudes.

La mentira es como la hermana del enojo, porque ambos destruyen. Al mentir, damos cabida a engañarnos usando excusas.

Usamos las excusas como salvavidas para no ser descubiertos. Cada vez que las empleamos, abrimos la puerta a la desconfianza.

Es triste saber cómo una cosa nos lleva a otra, y más si es negativa. Las excusas causan depresión, una baja autoestima que nos detiene, nos devalúa y no nos deja avanzar en la vida. Es fingir, es vivir falsamente.

Tenemos que usar la inteligencia de una forma que nos empuje al triunfo. Hay algo más importante que excusarnos en la vida: la felicidad.

Llenemos nuestra vida de todas esas cosas que nos llevarán a la felicidad. Dentro de una vida auténtica nace una seguridad que nos permite ver más allá.

Debemos evitar que la mentira, la desconfianza, las excusas, el enojo y los berrinches nos lleven a la destrucción personal. No podemos dar poder a todo eso negativo. La sobriedad nos da grandes alternativas para vivir una vida bajo control, llena de felicidad, sin enojo ni mentira.

El enojo es una condena que nos mantiene encadenados, privados de nuestra fuerza. No te condenes: controla tu enojo. Vive la felicidad.

La libertad es una virtud y, como el águila, mereces vivir libre, volar alto, soñar alto. En el camino encontrarás lo que tú, como esa águila, necesitas para vivir más claramente, sabiendo activarte adecuadamente.

Todo está en el poder de tus palabras. Si verdaderamente quieres erradicar las excusas, serás más exitoso al saber lo que quieres y tener una actitud abierta.

Como las águilas, eficaces, llegaremos a donde queramos.

Recuerda: controla tu enojo, evita las excusas y vive con más pasión. Date la oportunidad de ser feliz.

Si te niegas a seguir poniendo excusas, al final tendrás más claridad en tu vida. No permitas que la excusa sea una mentira pura.

Siempre será la forma de pensar la que determine la forma de vivir. Cada minuto, cada día, cada segundo… esa es la diferencia.

Y la diferencia eres tú. Tu libertad está en tus manos. Vive, sueña y, como las águilas, vuela… pero vuela alto.

Pensamientos en llamas: El bosque que ardía

Este día el cielo estaba un poco raro, parecía que se estaba quemando. Cerca de aquí caían muchas cenizas sobre la mesa donde me encontraba escribiendo. Hacía mucho viento desde donde yo estaba sentado; al otro lado de la calle, pero, podía ver de frente que el foco de humo no estaba muy alto. Como quiera, el viento soplaba; el cielo estaba entre azul y gris, como si no estuviera seguro de qué color era.

Le pregunté a un compañero y dijo que el cielo estaba preocupado, con el color de un brillante y pesado problema: el viento era inseguro, fuerte en algunos puntos y perdiendo la fuerza en otros, batallando con los árboles. Una escena melancólica.

Es verdad, parecía que el viento lloraba, pues sentía frío y una brisa ligera. Así pasó toda la tarde, melancólica y triste. Efectivamente, como a unas treinta millas de distancia de la ciudad de Madras, afuera de la ciudad, el bosque ardía en llamas.

Mis pensamientos generaban buenas palabras, como pensar, pensando, pensado. El día y la tierra, tristes, también lloraban.

Porque el pensamiento es muy transparente, al igual que quien lo genera: la mente, el cerebro. Por eso, se sugiere pensar antes de actuar, antes de hablar. Hay que analizar las posibilidades, evaluar las opciones. Hay que desarrollar ese pensamiento hasta llegar a su máxima comprensión, para poder realizar lo correcto y lo más adecuado.

Debido a que la mente genera miles de pensamientos en un minuto, debemos enfocarnos en cómo los transmitimos o cómo los expresamos si queremos llegar a un buen entendimiento. Sobre tal pensamiento, este genera muchos sentimientos diferentes a la vez, en determinadas circunstancias o ante ciertas cosas. Hay que expresar tales sentimientos, pero no sin antes haberlos procesado: pensando qué fue lo que nos llevó a esa conclusión. Tiene sentido, claro que sí, ¡claro que tiene sentido!

Voy a vivir la vida en su plena libertad y gozaré un nuevo despertar. Para sonreír hay que estar siempre feliz, mirando positivamente las cosas. Hay que pensar antes de actuar, antes de la acción. No se vale hablar por hablar, juzgar por juzgar, criticar por criticar. Hay que pensar antes de actuar, antes de hablar, incluso antes de caminar. ¿Estoy en lo correcto?

Me pregunto: ¿el pensar puede echar a andar la imaginación a un millón de lugares o cosas? Si pudiera expresar tantas cosas bonitas, ¿lo haría? Si pudiera expresar todos esos pensamientos malos, ¿lo haría? O todos esos tristes y oscuros, tal vez sí. Como dijo mi gran amigo Facundo: "Ver sonreír a una madrecita querida, no hay que heredarle el sufrir, hay que vivir y compartir para existir, darle al mil o al millón".

No se trata de ser chingón, se trata de quién tiene la razón. Totalmente de acuerdo con Facundo: controlar mis pensamientos es vivir una vida en plena libertad.

Tras todo este pensamiento, por mi mente pasa uno muy

bonito, hacia una gran mujer, muy especial para mí, que siempre ha estado ahí para ayudarme y escucharme. Suspirando, digo: «Qué bonito es el amor, el amor propio».

Buscando mi libertad

En un pueblito muy adentrado en el bosque de la sierra de México, en Michoacán, en el pueblo de San Juan Nuevo, un terruño creado por manos artesanas purépechas, indígenas que sobrevivieron a la furia del volcán Paricutín, se adentraron al bosque reconstruyendo sus raíces, defendiéndose con encinos y pinos, haciéndose de esos recursos un valor invaluable. Hoy yo, Carlos, estoy agradecido y orgulloso de ser parte de esa meseta tarasca, de esa mi tierra michoacana, de esa mi gente destacada. Entre la marginalidad y la violencia del crimen organizado, se han sostenido por sus propios medios. Hoy me comprometen a ser una persona felizmente única y, con mucho compromiso, solo me queda por encontrar mi libertad.

Así como ese pueblo se vio en la necesidad de abandonar su terruño, su pedacito de cielo, su hogar que por cientos de años estuvo ahí y que hoy solo quedó enterrado por la lava de ese frío volcán sepultando la historia de esos cientos años de amor purépecha, dejó el valor de ser más fuertes, sobreviviendo en medio del bosque. Este pueblo nació en 1944: el nuevo San Juan, mi muy querido pueblo, donde 39 años después nació mi ilusión, mis ganas de vivir, mis ganas de encontrar mi libertad.

Nací en un pueblo tan bello, qué dicha. Nací en un pueblo

que solo tenía 39 años de edad: un pueblo joven, con ganas de triunfar, de hacer la diferencia en el mundo entero. Con el Cristo crucificado, el Señor de los Milagros, música en mi mente que atraía el recuerdo: sonajas y un cantar, *tututututu, tututututututu.* Con lágrimas en mis ojos, un fresco aroma a copal (incienso) me recordaba todas esas tradiciones y ese terruño tan precioso. Tierra joven llena de esperanza.

Hoy, lejos de mi casa, me encuentro como si fuera prisionero de mí mismo. Caminando en los parques de Vancouver, recordando y dibujando… al lado de un lago pensaba en todo lo que había fallado y todo lo que me había sucedido, llorando por ser prisionero de mi persona. Buscaba la libertad, queriendo volar, volar, volar: libre, sin adicciones, sin temores, sin cadenas que me ataran. Mas estaba hundido en mis propias desgracias.

Se me olvidó que provengo de una tierra de luchadores, de guerreros, de triunfadores. Creía que me sentía como una gallina, siendo que en realidad soy como los aguiluchos: libre, listo para volar alto. Mas con mi corazón herido, mis alas rotas, mi pico chueco que ya no podía ni hablar, porque sufría bronquitis crónica, ya era más de un año ronco, hasta me decían como a un artista famoso que hablaba ronco. Pero eso no era excusa para luchar. Sin saber que las drogas me revolvían, meth y heroína me destruyeron… pero yo me destruí solo.

Fui tonto, sí, fui tonto al creerme una gallina y no el águila que siempre fui. En esos parques me ponía a escribir y a veces a dormir, pues eso me causaba la droga. Toda mi vida traté de buscar mi libertad. Nunca la encontré; siempre tuve una lucha interna, tendencia adictiva. También cuando era niño, en ese cuarto encerrado; cuando crecí, en mi adolescencia, la gente se burlaba por la forma en que comía exageradamente y en mi soledad me provocaba los vómitos para no engordar, según yo. Y ya después, con el tiempo, comencé a fumar cigarros y a tomar alcohol. Y por último, las drogas. Por lo que hasta el día de hoy lucho, lucho por mi libertad.

Sueño en alto, sueño por mis metas, para ser grande y libre, libre de la tendencia adictiva. Nuevamente digo: el águila tiene que tener una lucha interna a la mitad de la vida para sobrevivir un sacrificio y para vivir un cambio. El ser humano también. Y yo lo estoy logrando.

Tú, amigo lector, que me das la oportunidad de creer que sí es posible en esta vida todo lo que se sueña, y si tú eres un soñador como yo, te invito a que sueñes alto y trabajes tus sueños. No te rindas, por fuertes que sean los vientos. Arranca ese pico y quítate esas plumas viejas, corta esas garras, y cuando puedas lograrlo saldrán nuevas alas, nuevas plumas, nuevas garras, nuevas fuerzas, nueva vida, un nuevo amor verdadero. Y si lo logras, les digo:

¡Vuelen, vuelen alto! Extiendan sus alas, echen a andar su mecanismo, anden, sean libres, rompan cadenas y dejen que Amalia se largue de una vez de buscarla en el bosque. Si la Chinita se fue, pues ni modo; a la china que se vaya. Si encontraste refugio, aprende a volar libre.

Si tú lograste que no te persigan y saliste de la calle que espantaba y defendimos de cosas, tu vida sigue. Si la pobreza atacó tu niñez, hoy día puedes hacer mucho. Tienes la oportunidad de vivir una vida libre. Si en las cabañas te dejaron solo, si en un cuarto de niño te encerraron, y si te abusaron, o violaron, o bullearon, déjame decirte que hoy por hoy tienes vida. Vive tu presente. El pasado ya no está. El hoy… hoy por hoy es lo más importante. Tú mereces ser libre.

No importa lo que hiciste, ya no puedes hacer nada por cambiar el pasado. Solo el presente te queda: vivir, vivir con amor. Vívelo, vuela, sueña alto, lucha por tus sueños, encuentra tus talentos, explótalos y valora tu libertad, tu nueva vida.

Eres un águila y el bosque en el que luchaste siempre será tu hogar.

A continuación una reflexión sobre esto:

Me sentía como un águila en la jaula de la adicción, un águila que se encontraba atrapada, sus alas plegadas, rotas y su espíritu herido. La oscuridad la envolvía, como una niebla densa que no se disipa.

La droga era su único refugio y el alcohol su consuelo, la inseguridad su perdición. Pero un día, un rayo de luz se filtró, un destello de esperanza que no se podía ignorar.

Con un grito de desesperación, el águila se lanzó al vacío, buscando una salida, un camino hacia la libertad, renunciando a un triste pasado.

Y encontró un grupo de águilas que la esperaban, con alas abiertas, listas para ayudarla a volar.

Juntas se elevaron hacia el cielo, hacia la luz, hacia la recuperación, hacia la sanación.

El viento le acariciaba las plumas,
el sol le calentaba la piel, y el águila sentía que renacía,
que se liberaba de las cadenas de la adicción.

La libertad era un sabor dulce, un regalo inesperado,
un recordatorio de que siempre hay una salida, siempre
hay una esperanza.
El águila voló alto, sobre montañas y valles,
su grito de triunfo resonando en el viento, un himno a la
recuperación.

Y en su vuelo encontró un nuevo propósito,
un nuevo sentido a su vida, un nuevo latido en su
corazón.

El águila se convirtió en un símbolo de esperanza,
un recordatorio de que siempre podemos volar, siempre
podemos ser libres.

Libres, comprendes… viva la libertad y, sobre todo, que
viva el amor.

Te doy gracias por tu tiempo al leer estas líneas y espero que te sirvan de algo constructivo en tu vida. Le doy gracias a todos ustedes por regalarme su historia. Mil gracias, y que Dios los bendiga siempre.

Nací águila y, aunque me creí prisionero, entendí que la libertad siempre estuvo en atreverme a volar de nuevo.

Nuevas alas

Esa llegada estaba justo al cruzar la puerta de mi alma. Parecía un nuevo inicio, aunque, en realidad, era un comienzo que ya había sido escrito, como si el destino lo hubiera trazado antes.

Eran muchas las alegrías y emociones encontradas, pero también era un final triste, cruel, frío, sin despedida.

Sin embargo, nada de eso tenía sentido. No sabía de qué comienzo hablaba ni de qué final,

pues no tenía certeza de dónde empezaba ni dónde terminaba. Bien sé que el mundo está en constante cambio. Una nueva era, una nueva etapa, más bien diría, estaba comenzando. Pero lo que fue, ya fue, y lo que es, seguirá siendo. No hay nada nuevo bajo el sol: todo está escrito,

todo ya fue hecho, todo ya fue dicho. Pasa, pasará y seguirá pasando.

Mi mente se llenaba de pensamientos. Al mismo tiempo, se cuestionaba el porqué de todo aquello. Mis sentimientos reflejaban alegría, pero también mucho temor. Mi cuerpo, lleno de escalofríos, sentía una dicha profunda y, al mismo tiempo, una tristeza inmensa, pues una nueva etapa estaba por comenzar.

Cerré los ojos y dejé que mi mente volara hacia la imaginación.

Caminaba sin rumbo. Todo era verde. Un cielo azul, hermoso, un sol radiante y brillante. Un viento suave y cálido acariciaba mis mejillas. Todo eso me inspiraba paz y calma.

De pronto, una voz interior me dijo: *«Hay que morir para vivir, y hay que vivir para morir»*.

Todo lo que dejaba atrás era mi pasado, mis malos hábitos, mi vieja forma de vivir, todo aquello que me había llevado hasta ese punto donde decidí dar un paso nuevo. Esa voz me alentaba, transmitiéndome tranquilidad. Me hacía comprender que era necesario morir a mi pasado

para poder vivir un nuevo presente. Un presente que exigía comprender mis errores

para construir algo distinto, mejor, lleno de esperanza. Ese sol que veía reflejaba precisamente eso: esperanza.

Un nuevo comienzo, una felicidad genuina, rayos de luz iluminando mi camino.

Seguía caminando en ese paisaje imaginario y veía muchas aves volando en todas direcciones,

como si celebraran mi paso por ahí. Me hacían sentir libre. Su vuelo me transmitía una sensación tan hermosa que no encuentro la palabra exacta para describirla. Tal vez se llame felicidad, o quizá libertad.

Parecía que por fin había encontrado eso que tanto necesitaba: sentirme libre como las aves, emprendiendo un vuelo sin límites, lleno de esperanza. Podía extender mis alas y volar sin barreras, echando a andar mis sueños y mis ganas de servir en este mundo.

Al mirar hacia los campos, vi muchas flores de diversos colores. Desprendían un aroma sublime que, al respirarlo, me provocaba una sensación de renovación, de sanación. Sentía que las heridas, los dolores, los rencores y los remordimientos desaparecían. Todo se aligeraba, todo sanaba.

De pronto, me dieron ganas de correr entre las flores. Y mientras lo hacía, muchos animales salieron a mi encuentro, corriendo a mi alrededor, acompañando mis pasos. Me inspiraban confianza: en mí mismo y en todo lo que me rodeaba. Ya no había nada que temer, nada que perder. Porque al dar ese paso hacia una nueva vida, reconocí que todo lo que hacía en mi pasado me estaba llevando a la muerte, y que necesitaba un cambio.

Al tocar fondo, comprendí que era hora de levantarme y seguir adelante. Mi mente seguía pronunciando palabras alentadoras. Abrí los ojos y comprendí que no tenía que ir a ningún lugar para darme cuenta de que necesitaba cambiar. No debía subir una montaña ni arrojarme a un precipicio para entender el golpe que la vida me estaba dando.

Lo que parecía estar lejos, y en realidad estaba cerca, era el estilo de vida que llevaba. Era yo mismo quien me empujaba hacia un precipicio. Esa confusión entre principio y final era el reflejo de mi pasado, que había dejado huellas profundas en mi ser.

Cuando morí a mi pasado, cuando solté todo lo que arrastraba, encontré una nueva oportunidad de vida. Los colores, las flores, el sol radiante y los animales… todo eso siempre había estado ahí, a mi alrededor. Pero era yo quien estaba muerto en vida.

Y cuando decidí rendirme y morir a mi pasado, encontré un presente nuevo, lleno de esperanza y de libertad. Mi libertad se expresa desde lo más profundo de mi alma, y mi corazón la refleja a través de la ventana de mis ojos.

No estaba lejos, ni estaba cerca. Esa libertad siempre había estado dentro de mí, al pie de mis entrañas. Siempre estuvo ahí. Solo yo me negaba el derecho a la felicidad, el derecho a la libertad.

Con mis nuevas alas emprendí el vuelo, rompiendo tormentas y vientos fuertes. Fuerte en mi recuperación, afiancé mis garras, listas para nuevas batallas. Con mis nuevas plumas me protegeré, de hoy en adelante, ante cualquier posible recaída.

La decisión de ser libre

En lo más hondo del alma, un grito callado, deseo infinito, renacer ansiado. Volver a trazar la historia con compasión, sembrar nueva vida, sanar la aflicción. Entre las heridas que la inspiración viste, paz que se asienta donde el dolor persiste. Convencido el espíritu, de luz en la sombra, esperanza que al fin al alma nombra. Batalla que resuena, golpe de cañón, un clamor por la insignia de la liberación. La esencia de alegría, resumen de un latir, toda la existencia en una palabra: amar… vivir.

El amanecer no trajo respuestas, pero sí algo más valioso: presencia. Estar allí, entero, sin huir de los pensamientos ni disfrazar las cicatrices fue el primer acto de valentía. El mundo seguía girando, indiferente y hermoso, como si jamás hubiera dudado de su derecho a existir.

Caminé sin rumbo fijo, escuchando el crujir de mis propios pasos y descubriendo que el silencio no siempre es vacío; a veces es un maestro severo que obliga a mirar hacia adentro. Y allí, en ese territorio olvidado, encontré fragmentos de mí mismo: sueños abandonados, risas postergadas y palabras que nunca me atreví a pronunciar.

No todo dolía. Eso fue una sorpresa. Entre los recuerdos

también había luz: manos que me sostuvieron, voces que creyeron cuando yo no pude, instantes breves que bastaron para salvar días enteros.

Comprendí entonces algo importante: la alegría no desaparece; se esconde, esperando ser nombrada otra vez. El miedo aún susurraba, prometía protección a cambio de encierro, pero ya no gobernaba.

Había aprendido que la libertad no es la ausencia de temor, sino la decisión de avanzar a pesar de él. Cada respiración consciente era un acto de rebelión, una declaración silenciosa de independencia interior.

Cuando el sol terminó de alzarse, algo dentro de mí también lo hizo. No era euforia ni certeza absoluta; era una convicción serena, firme como raíz profunda: mi historia no había terminado.

Todavía quedaban páginas en blanco, y esta vez no serían escritas desde la huida, sino desde la verdad. Seguí caminando, no para escapar del pasado, sino para encontrarme con quien estaba destinado a ser.

Interludio: Hoy elijo la libertad

¿Quién pensaría lo triste que sería una recaída? Tal vez a muchos no les importaría, tal vez solo a mis seres queridos. Pero a mí… me importaría todo. Porque hay un valor inmenso, silencioso, en la decisión diaria de decir no: no beber, no fumar, no abusar de aquello que un día me ató, me volvió adicto y prisionero de mis excesos. Obeso de tristeza, viviendo un invierno deprimente dentro de una primavera.

Qué valor tan grande tiene levantarse cada día y decir: hoy elijo la libertad. Tal vez mañana será otra batalla… pero hoy sigo firme.

Solo quien ha pasado por esto, o quien lo vive ahora mismo, puede entenderlo. Solo quien lucha con dignidad por un bienestar sin drogas ni adicciones sabe de qué hablo: esa batalla constante de mantenerse libre.

Porque mañana aún no existe. Vivir así, firme y convencido de mis decisiones, me mantiene sobrio, libre de dudas. Con disturbios, sí… pero con dirección. Un solo camino: el camino seguro, hacia un horizonte sin ataduras, hacia atardeceres llenos de esperanza. Confiando en que incluso después de la noche más oscura despertaré firme otra vez en mi decisión.

Un día más libre.

Recuerdo un día en particular. Estaba en casa, cerca del mediodía, cocinando un desayuno sencillo. Puse música, de esa música que escuchaba cuando estaba activo… activo en mi adicción.

El licor… mi más apreciado sedante, el que anestesiaba mi tristeza, mi soledad y el dolor de las heridas del pasado: de mi infancia, de mis miedos, de mis culpas y remordimientos. Qué amigo tan falso. Me volvió codependiente, esclavo. Me obsesionó y me arrastró hacia otras adicciones.

Mientras la música sonaba, los recuerdos regresaron con fuerza: las sensaciones, las ganas de anestesiarme otra vez. Comprendí que estaba atravesando una crisis, una laguna mental donde pasado y presente se mezclaban, despertando el deseo de volver a sentir aquello que antes callaba mi dolor.

Y entonces sonó esa canción, la que siempre me llenaba de tristeza. Sentí un despertar amargo, una cercanía peligrosa con la recaída. Abrí el refrigerador… y allí estaban: bebidas frías, esperando ser cómplices de mi sufrimiento.

Dentro de mí algo gritaba con fuerza: destápala. Prometía calma, esa calma tonta que casi me llevó a la muerte incontables veces.

Tomé la bebida, la toqué y la miré con deseo. La lucha era brutal. Mi mente me convencía de mil maneras: «Nadie lo sabrá», «estás solo», «no pasa nada». Pero yo sí lo sabría, y sabía también que al hacerlo me estaría mintiendo. La depresión me envolvía. Lloré, canté con la canción, me mordía los labios por las ganas que me invadían. Ese momento fue crucial.

Entonces una voz más fuerte retumbó dentro de mí: tú eres fuerte. Puedes derrotar esto. Regresé la bebida al refrigerador, temblando, llorando, preguntándome cómo era posible que pudiera ayudar a otros y, en ese instante, me costara tanto ayudarme a mí mismo.

No lo entendí en ese momento, pero lo logré. No recaí, no caí. Derroté ese deseo monstruoso y salí más fuerte. Aprendí que es vital estar alerta, consciente y honesto conmigo mismo, porque nuestra propia mente puede ser el campo de batalla más peligroso.

Con los labios temblando murmuré una oración:

—Dios… ayúdame. No me siento bien emocionalmente. Dame fuerza. Dame valor.

Y fui escuchado.

Hoy confío en Dios y también en mí mismo. Sé que voy en la dirección correcta, en el camino seguro. Hoy elijo la libertad.

El último paso hacia la libertad

En aquellas últimas semanas que estuve en el residencial, ya listo para graduarme, amaneció distinto. Aquella mañana salí a correr, como lo había hecho durante casi tres meses en aquel lugar especial donde fui a rehabilitarme, un lugar al que llegué con el corazón débil, herido por la enfermedad de la adicción, y donde poco a poco fui reconstruyéndome.

Cada mañana que corría por ese camino no era solo ejercicio; también era reflexión. Era enfrentarme a mi historia. En ese sendero fui dejando atrás mis malas decisiones, mis caídas y los momentos más oscuros de mi vida. Cada pisada sobre la tierra llevaba un pensamiento, un recuerdo, una lección. Aquel camino se volvió parte de mí, o quizá yo me volví parte de él. Pero esa mañana era diferente. Sabía que sería la última vez que recorrería el camino de Carlos.

Antes de empezar, tomé una piedra que Facundo había colocado justo donde comenzaba el sendero. Con un pincel escribí sobre ella, dejando una marca sencilla pero llena de significado. Era mi forma de cerrar un ciclo y de honrar el camino que me había ayudado a encontrarme nuevamente.

Cuando salí a correr, no estaba solo. Todos mis compañeros

salieron conmigo. Verlos correr a mi lado me llenó el corazón. Aquellos hombres que también estaban luchando sus propias batallas se habían convertido en parte de mi historia. Sentí una mezcla de gratitud, alegría y nostalgia.

Al regresar, me esperaba una pequeña despedida. Había un pastel y muchas sonrisas.

Después se realizó una celebración especial. En ese momento me entregaron una moneda, un símbolo del esfuerzo, del compromiso y de la nueva vida que estaba comenzando.

Entonces compartí una carta. Era una carta dirigida a la adicción. En ella escribí que la despreciaba, que ya no tenía poder sobre mí y que renunciaba a ella para siempre. Cada palabra era una declaración de libertad. No fue solo una carta. Fue un acto de despedida, un cierre definitivo con la persona que yo había sido.

Ese día no solo terminé un programa. Ese día nació una nueva versión de mí.

Salí de aquel lugar con algo que durante muchos años había buscado sin encontrar: libertad. Y entendí algo muy importante. La libertad no es un lugar al que llegas; es un camino que decides caminar todos los días. Y ese día, por primera vez en mucho tiempo, yo estaba listo para seguir caminando.

Donde nacen las alas

● ● ●

Hoy han pasado más de cinco años desde que comencé a vivir en plena libertad, libre de las adicciones que durante tanto tiempo me mantuvieron encadenado. Cuando miro hacia atrás, me parece increíble todo lo que ha sucedido desde entonces. A veces me detengo a pensar en el hombre que fui y en el hombre que soy hoy, y no puedo evitar sentir gratitud.

El camino de la recuperación no es corto ni fácil. Está lleno de pruebas, de momentos de duda y de decisiones difíciles. Pero también está lleno de oportunidades para renacer.

Hace dos años tuve que enfrentar una de esas pruebas: someterme a una operación del corazón. Durante mucho tiempo traté de evitarla. Busqué alternativas, tratamientos, medicamentos… cualquier cosa que me permitiera seguir adelante sin pasar por una sala de cirugía. En el fondo tenía miedo. No era fácil aceptar que mi corazón necesitaba ser intervenido. Pero llegó un momento en el que comprendí algo importante: hay batallas que no se ganan huyendo, sino aceptando. Así que finalmente tomé la decisión de confiar y permitir que los médicos hicieran su trabajo.

Hoy, mirando hacia atrás, entiendo que aquella operación

Un camino que avanza entre la roca y la caída del agua,
recordando que incluso en los terrenos más áridos
puede brotar vida.

también formaba parte de mi proceso de recuperación. Fue otra lección de humildad, otra oportunidad para reconocer que la vida sigue transformándonos, incluso cuando creemos que ya hemos superado lo más difícil.

La vida tiene maneras muy curiosas de acomodar las cosas. Cuando salí del residencial yo decía que nunca me casaría. Estaba convencido de que mi vida seguiría otro rumbo. Pero el tiempo me enseñó que uno nunca sabe lo que Dios tiene preparado.

Hoy también estoy casado. Y al mirar todo lo que ha ocurrido, entiendo que muchas de las cosas que antes no imaginaba terminaron siendo parte de una vida nueva.

Hoy trabajo en un residencial ayudando a otros que están comenzando su propio camino de recuperación. Jóvenes que llegan cargando el mismo peso que yo cargué una vez: culpa, miedo, cansancio, desesperación. Cada vez que los escucho, cada vez que los veo luchar con sus propias batallas, recuerdo quién fui. Recuerdo al hombre que necesitaba que alguien le tendiera la mano.

Porque mi recuperación no fue un camino que recorrí solo. Muchas personas estuvieron ahí cuando más las necesitaba. Personas que creyeron en mí cuando yo mismo había dejado de creer.

Hoy me encuentro del otro lado del proceso. Antes yo era el que necesitaba una mano; hoy soy yo quien está dispuesto a extenderla. Y fue precisamente en uno de esos momentos, durante un paseo con un grupo de muchachos que están en recuperación, cuando viví una experiencia que quedó grabada profundamente en mi corazón.

Ese día salimos juntos a caminar hacia una montaña. La subida no fue fácil. El camino era largo y, en algunos tramos, el terreno se volvía empinado y pedregoso. Pero todos seguimos avanzando paso a paso, ayudándonos unos a otros, tal como sucede en la recuperación. Después de un buen rato caminando, finalmente alcanzamos la cima. El aire allá arriba era distinto: más limpio, más frío, más vivo. El viento soplaba con fuerza, como si quisiera borrar el cansancio del camino. Desde allí se podía ver el valle extendiéndose a lo lejos.

En ese momento, uno de los muchachos se subió a la roca más alta. Levantó las manos hacia el cielo y se quedó mirando el horizonte por unos segundos. Luego miró hacia abajo, hacia el camino que habíamos recorrido, y dijo con una mezcla de asombro y alegría:

—Es todo ese camino el que hemos recorrido.

Sus palabras se elevaron con el viento. Yo también miré hacia abajo. Entonces lo vi con claridad. El sendero serpenteaba por la montaña, atravesando piedras, curvas y pendientes. Desde aquella altura se podía ver lo largo que había sido el camino. En ese momento pensé en la recuperación. Pensé en todas las batallas, en las caídas, en los momentos en que parecía imposible seguir adelante.

El proceso de recuperación es largo. A veces parece interminable. Pero cuando miras hacia atrás desde la cima, te das cuenta de algo increíble: sí has avanzado, mucho más de lo que imaginabas.

Miré hacia atrás y entendí que muchas de las cosas que antes me parecían imposibles eran, en realidad, cosas pequeñas y sencillas del día a día. Cosas que para un adicto pueden parecer montañas: levantarme cada mañana y dar gracias a Dios, tender mi cama, asearme, mantener mi espacio limpio y ordenado.

En muchos centros de rehabilitación enseñan estas cosas básicas. Pero al adicto le cuesta aceptarlas, porque no quiere que nadie le diga lo que debe hacer. Prefiere seguir su propia voluntad, y muchas veces termina encadenándose por decisión propia.

La verdad es que vivir con orden, gratitud y responsabilidad es más sencillo de lo que parece. Lo difícil es aceptar que necesitamos cambiar.

Volví a mirar hacia atrás, hacia mi pasado, y comprendí que el camino recorrido había sido largo. Muy largo. Pero también miré hacia adelante y entendí que aún me queda mucho camino por recorrer. La diferencia es que hoy puedo mirar hacia el futuro con claridad. Sé quién soy, sé cuál fue mi pasado, sé por qué me perdí en la adicción y por qué durante tanto tiempo fui prisionero de mí mismo.

Pero hoy también sé que soy libre.

Entonces decidí subir yo también a la roca más alta. El viento golpeó mi rostro con fuerza. Sentí cómo atravesaba mi cuerpo. Cerré los ojos por un momento y una paz inmensa me envolvió. Era una paz profunda, una paz que solo puede sentir alguien que ha recuperado su libertad.

Abrí los ojos y miré hacia el cielo. En mi imaginación abrí los brazos y miré hacia los lados. Entonces me vi. Me vi como un águila en la cima de la montaña. Un águila que había pasado por tormentas, por caídas, por batallas… pero que seguía viva.

El viento soplaba cada vez más fuerte, como si el cielo mismo me estuviera diciendo que era tiempo de volar. Entonces levanté la cabeza hacia el cielo y grité. Grité con todas mis fuerzas, como gritan las águilas cuando se lanzan al vacío confiando en sus alas.

Y en ese instante comprendí algo que jamás olvidaré. Esta es la verdadera libertad: la libertad de un espíritu que ha renacido, la libertad de un corazón que ha sido restaurado.

Porque yo también soy como esa águila. Un águila que cayó, pero volvió a levantarse. Un águila que perdió sus alas, pero volvió a encontrarlas. Un águila renovada, con nueva vida, con nuevas alas.

Y ahora… listo para volar.

Epílogo

¿Será que aún hay esperanza para que yo sea alguien en el mundo? Sí, la hay. ¡Claro que sí!

El mundo no va a cambiar de la noche a la mañana, porque está en constante transformación. Por lo tanto, yo debo tomar una actitud de cambio, de transición. ¿Cuántas cosas han pasado para que esté hoy aquí? Cuántas gotas de agua caen del cielo para empapar el suelo, las montañas, los bosques y los árboles, tornando ese tono de otoño seco en un verdor frío, acercando el invierno oscuro y gélido.

Lleno de esperanza, concluyo un ciclo para dar llegada a otro. Bueno, aún no estamos ahí; estamos en pleno otoño, donde las hojas caen y los árboles se tornan de colores secos que el sol del verano pasado creó, y por los humanos, animales y cosechadores… todos los frutos de la recolección se han levantado.

Así son nuestras vidas: al paso del tiempo que nos va tallando, mil recuerdos quedan en el pasado y hay que dejarlos ir, solo aprovechando lo bueno de lo bueno, el fruto que se haya cosechado, porque es lo que se ha sembrado.

Así se vive el mundo. Tú decides, yo decido. Mi teoría lo dice: todas las veces que lo haga, lo hago porque ese es el mensaje que Dios me da para decirles: lo que siembres es lo que cosecharás; lo que sigas construyendo es lo que edificarás.

Entonces, por eso digo que la base de toda adicción es la depresión. La depresión es algo que realmente no existe; es un vacío que todos buscamos llenar, que hasta los doctores desean controlar con pastillas.

Pero ese vacío solo se llena con amor, no con cualquier cosa. Ahí está el problema: ni con lo bueno se podría llenar del todo, pues es un defecto de la mente, como lo es la conciencia, como lo son los defectos de carácter.

Esto es un pensamiento, algo que a través del tiempo mi mente ha acumulado y ha llegado a la conclusión de que, para salir de toda adicción, se necesita esperanza, amor y fe en un poder superior a uno mismo.

Porque la vida, aunque dura y a veces cruel, también ofrece oportunidades para levantarse. Cada día que despierto es una prueba de que aún tengo un propósito, de que no todo está perdido y de que puedo volver a empezar.

Hoy sé que mi pasado no define mi futuro. Sé que mis errores pueden transformarse en lecciones, y que mis caídas son el impulso para volver a ponerme de pie. La esperanza me recuerda que no camino solo, que hay alguien que me sostiene y que, mientras haya vida, siempre habrá una nueva oportunidad.

Ese es mi pensamiento de esperanza: que todo aquel que lea estas palabras sepa que, aunque la oscuridad parezca interminable, siempre existe una luz esperando al final del camino.

Reclaiming Lives es una organización sin fines de lucro fundada en Medford, Oregón, en 2019 por la *familia Mendenhall*. Fue creada como una forma de llegar a las personas que luchan contra la adicción a las drogas y al alcohol mediante la conexión humana y oportunidades de crecimiento personal.

Actualmente, la organización cuenta con dos programas: *Recovery Café Medford* y *El Camino Seguro*. Ambos funcionan con un sistema de membresía y se enfocan en la mentoría entre pares y en los vínculos que se forman dentro de un círculo de apoyo.

Los miembros de estos programas reciben comidas, clases y relaciones saludables continuas que fomentan un sistema de creencias basado en la verdad y la honestidad. Nuestros especialistas pares ofrecen apoyo individual, planes de recuperación personalizados y conexión con organizaciones colaboradoras para satisfacer las necesidades de cada participante.

El personal de *Reclaiming Lives* reconoce la importancia de crear espacios valientes donde las personas encuentren seguridad y la oportunidad de redescubrirse a sí mismas mientras sanan. *El Camino Seguro* es un programa culturalmente específico para la comunidad latina; un lugar donde las personas se reúnen para compartir experiencias de vida, desafíos y celebrar sus éxitos en su idioma nativo.

Muchas gracias,

Stephanie Mendenhall
Directora Ejecutiva y Fundadora
Reclaiming Lives | Recovery Café Medford

www.ingramcontent.com/pod-product-compliance
Lightning Source LLC
Chambersburg PA
CBHW071311150726
47997CB00002B/444